# Fous de l'Inde

**Du même auteur**

*Faire une pause dans sa vie*, Paris, Payot, 2004.

Régis Airault

# Fous de l'Inde

## Délires d'Occidentaux et sentiment océanique

Petite Bibliothèque Payot

« L'Inde chante, n'oubliez pas cela, l'Inde chante. »

HENRI MICHAUX

# PROLOGUE

Une vieille légende hindoue raconte qu'il fut un temps où tous les hommes étaient des dieux. Comme ils abusèrent de ce pouvoir, Brahma, le maître des dieux, décida de le leur retirer et de le cacher dans un endroit où il leur serait impossible de le retrouver. Oui, mais où ?

Brahma convoqua en conseil les dieux mineurs pour résoudre ce problème.

— Enterrons la divinité de l'homme, proposèrent-ils.

Mais Brahma répondit :

— Cela ne suffit pas, car l'homme creusera et trouvera.

Les dieux répliquèrent :

— Dans ce cas, cachons-la tout au fond des océans.

Mais Brahma répondit :

— Non, car tôt ou tard l'homme explorera les profondeurs de l'océan. Il finira par la trouver et la remontera à la surface.

Alors, les dieux dirent :

— Nous ne savons pas où la cacher, car il ne semble pas exister sur terre ou sous la mer d'endroit que l'homme ne puisse atteindre un jour.

Mais Brahma répondit :

— Voici ce que nous ferons de la divinité de l'homme : nous la cacherons au plus profond de lui-même, car c'est le seul endroit où il ne pensera jamais à chercher.

Et depuis ce temps-là, conclut la légende, l'homme explore, escalade, plonge et creuse, à la recherche de quelque chose qui se trouve en lui.

INTRODUCTION

# Le syndrome indien

> « En Inde, beaucoup de gens se perdent [...] c'est un pays qui est fait exprès pour cela. »
>
> ANTONIO TABUCCHI

L'Inde provoque chez les Occidentaux[1] une émotion si intense qu'elle peut faire « basculer » certains voyageurs dans un délire qui régresse spontanément au retour dans le pays d'origine. Je l'ai constaté en tant que médecin psychiatre du consulat de France à Bombay et, par la suite, lors de rapatriements sanitaires pour les compagnies d'assurances. Auparavant, ce véritable *syndrome indien* était imputé à la seule prise de

1. Les voyageurs originaires de pays industrialisés. Selon les époques, la proportion de Français varie. On assiste à des phénomènes de mode. On note actuellement la présence en Inde d'un grand nombre de jeunes Israéliens, ce pays leur ayant été longtemps interdit pour des raisons politiques.

drogue, qui faisait ainsi écran à cette pathologie spécifique du voyage en Inde.

Du XVIe siècle au début du XXe siècle, beaucoup d'auteurs se sont intéressés aux voyageurs occidentaux en Inde[1]. Mais on trouve peu de traces écrites sur les milliers de nos contemporains qui s'y sont « égarés » depuis les grandes migrations romantiques des années 1970 — et s'y égarent toujours. Bien sûr, il y a les récits de tous ceux qui ont « fait la route », mais très peu de recherches sérieuses concernent ce phénomène pourtant bien connu du ministère des Affaires étrangères : l'Inde, triangle des Bermudes du mental. « Il est parti là-bas. Depuis, c'est le silence radio... » Et quand il revient — s'il revient —, le voyageur est un « rapatrié des Indes ». On évoque alors la drogue ou les sectes, et l'on a tout dit...

Pourquoi si peu d'ouvrages sur le sujet[2] ?

---

1. *Cf.* G. Deleury, *Les Indes florissantes. Anthologie des voyageurs français (1750-1820)*, Paris, Robert Laffont, coll. « Bouquins », 1991.

2. À ma connaissance, outre quelques rares et récents articles de médecins psychiatres travaillant pour les compagnies d'assurances, nous ne sommes que trois à avoir étudié le sujet dans le cadre d'un travail universitaire de recherche : Denis Saada, Benoît Quirot et moi-même. *Cf.* D. Saada, *La Fin des chemins de Katmandou*, Mémoire pour le CES de psychiatrie, Paris, 1986 ; R. Airault, *À la recherche du sentiment océanique. Manifestations psychopathologiques et demandes de soins chez les migrants occidentaux en Inde*, Mémoire pour le CES de psychiatrie, Paris, 1991 ; B. Quirot, *Aliénés migrateurs. Contribution à une psychopathologie du voyageur*, thèse de médecine, Paris, 1993.

Est-ce parce qu'un mythe, surtout s'il est vivant, ne s'écrit pas, sous peine d'y perdre de sa magie ? Ou parce qu'il faut garder le secret d'un *territoire refuge* sur cette planète laminée par la « pensée unique » ? N'est-il pas rassurant de rêver un lieu « au large du Réel », un lieu atemporel et sans condition comme peut l'être pour les enfants l'île de Peter Pan : un jardin suspendu dans la ligne de fuite de notre imaginaire ? Ce lieu existe et c'est l'Inde. Ceux qui l'ont rêvée ne sont jamais déçus quand ils la découvrent.

« Mother India », comme la nomment ses habitants, oppose au mythe de la modernité et à son corollaire, le culte du travail, que l'Occident semble considérer comme la seule religion possible, l'idéal d'une harmonie de l'homme avec l'univers. Ce faisant, elle nous interroge sur l'arrogance dont nous faisons preuve à vouloir imposer nos propres valeurs alors qu'il existe tant d'autres manières d'appréhender le monde. C'est peut-être cette interrogation, mais aussi l'absence de limite nette entre le Réel et l'Imaginaire, la vie et la mort, qui fait vaciller le voyageur occidental sur le socle de ses certitudes. Le vertige que l'on ressent là-bas plus qu'ailleurs n'est-il pas celui de la prise de conscience soudaine que ce que l'on conçoit comme le Réel ne serait qu'illusion[1] ? Ne renvoie-t-il pas au sentiment d'effroi

1. Les Indiens l'appellent la *maya*, l'apparence illusoire du monde.

que l'homme éprouve devant la fuite du temps, face à son inéluctable finitude ?

Avec mes collègues psychiatres de l'ambassade, nous nous posions souvent la question : « L'Inde rend-elle fou, ou les fous vont-ils en Inde ? », surpris par la fréquence de ces épisodes psychiatriques traversés par les voyageurs. Nous distinguions deux sortes de phénomènes : d'un côté, *le choc de l'Inde* ; de l'autre, *l'épreuve de l'Inde.*

Le premier est un vécu de déréalisation auquel est soumis tout voyageur à l'arrivée. Même si la personne s'attend à ce choc culturel, la réalité dépasse souvent ce qu'elle a imaginé et peut être à l'origine de toutes sortes de symptômes : angoisses, attaques de panique, sidération, effondrement dépressif, etc.

Les tableaux psychiatriques aigus, eux, se déclenchent quelques semaines plus tard, à l'épreuve de l'Inde. Ils associent dépersonnalisation, idées délirantes — le plus souvent mystiques — et vécu persécutif flou. L'apparition des troubles est précédée d'un vécu d'étrangeté, et la participation de l'humeur est toujours importante. De retour chez lui, le voyageur garde généralement un bon souvenir de cette « crise » et n'a souvent qu'un désir : repartir là-bas. Nous rapprochions ce syndrome indien de ceux qui ont été décrits dans d'autres endroits mythiques comme Jérusalem ou Florence. Dans le berceau du christianisme, notre voyageur se prendra facilement pour le Messie et se sentira investi d'une mission évangélique. En Italie, il sera atteint du fameux syndrome de Stendhal et décompensera lors de la contemplation d'œuvres d'art[1].

Dans tous ces cas, le voyage modifie notre perception de la réalité de l'homme sur la planète et a valeur *initiatique*. Il nous interroge sur notre place dans l'univers et sur l'éternelle question de la mort. Les adolescents[2] que l'on croise sur les chemins de ce pèlerinage aux sources le savent bien et l'Inde leur offre le temps en marge dont ils ont besoin pour ce « passage » de la vie. « L'Orient pour s'orienter », disait Michaux...

C'est ce décalage dans l'espace-temps que recherchent aussi nombre de personnes qui « se soignent » en voyageant. D'autres mettent simplement entre parenthèses, pour quelques semaines, leur « malaise dans la civilisation ». Je pense en particulier à tous les Occidentaux qui partent l'hiver sous les cocotiers, associant ainsi plusieurs fonctions « thérapeutiques » du voyage : stimulation de l'imaginaire, fuite du stress et du poids sociofamilial, et thérapie par la lumière comme cela se fait pour certaines pathologies dépressives.

La fréquence élevée des troubles psychiatriques observés chez les jeunes voyageurs français en

---

1. *Cf.* G. Magherini, *Le Syndrome de Stendhal. Du voyage dans les villes d'art*, Paris, Usher, 1990.

2. J'entends par ce terme une tranche d'âge allant de quinze à vingt-cinq, voire trente ans.

Inde est un problème suffisamment grave aux yeux des pouvoirs publics pour que la création d'un poste de psychiatre soit envisagée au consulat de France de Pondichéry, où n'officiait jusque-là qu'un médecin généraliste (à Delhi et à Bombay, ces postes étaient affectés depuis longtemps à des psychiatres). En quinze ans, le nombre de touristes occidentaux en Inde a considérablement augmenté, passant de 400 000 en 1984 à plus de 2 000 000 en 1999, et celui des Français a doublé : l'année dernière, ils étaient 90 000[1]. Rien de comparable, cependant avec l'époque héroïque de la création du poste de Bombay, au début des années 1970, où « 10 000 jeunes étaient bloqués en Inde, dont 6 000 Français de dix-sept à vingt-trois ans[2] ».

Le savoir-faire psychiatrique ne s'improvise pas à la sortie de la Faculté : il faut avoir l'expé-

1. On notera également que 60 % des touristes occidentaux dans ce pays ont entre vingt et trente-cinq ans. Les plus nombreux sont les Anglais, suivis des Français et, à égalité, des Allemands et des Japonais. Chiffres fournis par l'Office du tourisme indien.

2. P. Ferrari, A. Braconnier, « La route », *La Revue du praticien*, 26 (43), 1976, p. 2983-2993. Fin 1971, à la suite de la disparition d'un membre de la famille d'une personnalité proche du pouvoir — en fait, cette personne séjournait depuis des mois dans un ashram sans donner de nouvelles —, un des parents venu à sa recherche avait alors constaté l'absence d'interlocuteur disponible et motivé pour répondre aux multiples demandes de ces jeunes « disparus » sur la route des Indes. D'où, quelques mois plus tard, la création du poste.

rience de l'accompagnement de la psychose pour pouvoir être rassurant avec le patient et ses proches, et contenant face à des crises souvent spectaculaires. Les compagnies d'assurances l'ont bien compris, et n'hésitent plus à employer des médecins spécialistes dans le cas de rapatriements dont l'efficacité thérapeutique est avérée quand ils ont lieu dans de bonnes conditions, c'est-à-dire avec l'accord du patient et sa participation active au retour. D'abord généraliste, le médecin du consulat a donc vite été remplacé par un psychiatre. Celui-ci ne devait pas pour autant négliger le somatique ou le social : il avait pour mission d'aider, dans le cadre d'un service médico-social, « les Français de passage en difficulté », mais la demande émanait également des Français résidents[1]. Autant dire qu'il faisait fonction d'homme-orchestre : médecin (de brousse, de famille, du travail, correspondant des assurances, psychiatre), mais aussi assistante sociale (aides en tout genre, visites aux prisonniers), diplomate, caissier, conseiller touristique, agent de voyage, conseiller juridique, bibliothécaire, pharmacien, fonctionnaire administratif, chauffeur de taxi, postier, gardien d'objets et de valeurs... et que, bien souvent, son domicile prenait l'allure d'une clinique ou d'un hôtel.

1. Par résident ou expatrié, j'entends une personne étrangère qui habite légalement en Inde depuis plusieurs années. Une partie du chapitre II est consacrée aux problèmes d'adaptation qu'ils rencontrent.

Quand je suis arrivé au consulat de France à Bombay, ma première préoccupation a été d'obtenir une liberté d'action. J'ai d'abord défini un cadre indépendant, avec un budget autonome, qui m'a permis de mettre en place des missions préventives dans des endroits très fréquentés comme Goa. Je n'étais ainsi plus pris par le temps. En effet, une mission éclair n'a aucun sens et risque d'être un échec dans ce pays où la temporalité est abstraite. Cette position de médecin supposé savoir, mais aussi supposé pouvoir, était la condition *sine qua non* pour avoir un minimum d'effet soignant sur des patients « libres comme l'air ». Les différentes « casquettes » liées au poste m'offraient aussi l'occasion de les rencontrer à leur arrivée et à leur départ[1]. Ils me prévenaient ainsi par la suite en cas de problème, sans attendre que la situation prenne un tour dramatique. Mon travail de prévention s'en trouvait renforcé. J'avais par ailleurs remarqué qu'il n'y avait pas de demande neutre : un simple prétexte comme la recherche de courrier, le dépôt d'un passeport ou d'un billet d'avion, dans ce petit territoire

1. Les guides de voyage conseillent de venir déposer au consulat passeport et billet d'avion dès l'arrivée en Inde, tout en prévenant que « l'Inde prive tout visiteur de ses certitudes, de sa souveraineté, de ses repères » (*Inde*, Paris, Lonely Planet, 1998). Dans ce même guide, le romancier italien Giorgio Manganelli nous encourage par ailleurs à arriver avec un soi désarmé pour réussir ce voyage (*Itinéraire indien*, Paris, Le Promeneur, 1992).

français que représente le consulat, était toujours chargé d'une valeur symbolique.

« On croit que l'on va faire un voyage, disait Nicolas Bouvier, mais bientôt c'est le voyage qui vous fait, ou vous défait[1]. » Le voyage en Inde commence tôt, avec l'idée qu'on s'en fait, véhiculée par notre culture, ses clichés, ses légendes, ses mythes, mais aussi par notre enfance nourrie de contes et d'histoires merveilleuses. Ce fantasme s'étaye à l'adolescence de nos rencontres avec ceux qui « en reviennent[2] ». Après, il y a soudain le choc, puis l'épreuve et, ensuite, l'éprouvé de l'Inde : des sensations nouvelles nous submergent, provoquant un séisme de l'intime qui peut être à l'origine de ce syndrome indien. Enfin, après le retour, nous prend la nostalgie de l'Inde.

Plus qu'un autre pays, l'Inde stimule l'Imaginaire par le biais d'émotions esthétiques intenses qui peuvent cependant, d'une minute à l'autre, faire basculer le voyageur dans l'angoisse la plus totale. Ainsi, notre « éprouvé » de l'Inde est teinté d'ambivalence. Il y a bien sûr l'histoire personnelle de chacun, son « pousse-au-voyage » et le retour de traumatismes mal digérés qui ont « sédimenté » en nous et que l'inconscient ramène

1. N. Bouvier, *L'Usage du monde*, Paris, Payot, coll. « Petite Bibliothèque Payot / Voyageurs », 1992.

2. *Cf.* par exemple le témoignage de Martine Van Woerkens dans *Nouvelles de l'Inde*, n° 299, juin 1995.

à certaines occasions de la vie sur l'avant-scène. Car l'Inde *parle* à l'inconscient : elle le provoque, le fait bouillir et, parfois, déborder. Elle fait resurgir, des couches profondes de notre psyché, l'enfoui. Elle le déplisse et juxtapose dans l'ici et maintenant les différentes strates de notre histoire. Simple frémissement de l'esprit, cette sensation peut provoquer chez certaines personnes une réelle explosion psychotique.

Freud lui-même ne fut pas insensible à la dimension intime de certains lieux. Ainsi décrit-il le sentiment d'étrangeté qu'il ressentit en contemplant pour la première fois l'Acropole, où son père n'avait jamais pu se rendre : « Il me vint subitement cette étrange idée : ainsi, tout cela existe réellement comme nous l'avions appris à l'école[1]. » Il y a par ailleurs dans le voyage, comme dans l'hypnose, une part de suggestion, et certains se laissent, plus facilement que d'autres, emporter sans résister par le courant. Freud a-t-il eu peur de tenter l'expérience et d'éprouver cette *sensation océanique* « d'appartenance à l'universel » qu'il reconnaît ignorer dans ses lettres à Romain Rolland ?

De plus en plus de personnes s'envolent pour de lointaines destinations. Vu l'ampleur du phénomène, et même si la plupart ne cherchent

1. S. Freud, « Un trouble de mémoire sur l'Acropole », lettre à Romain Rolland, in *Résultats, idées, problèmes. II : 1921-1938*, Paris, PUF, 1992, p. 221-230.

qu'un simple dépaysement, on peut s'interroger sur cette « nostalgie de l'ailleurs » et sur les fantasmes à l'œuvre dans ces déplacements. Les dimensions inconscientes du désir d'évasion, selon Freud, sont marquées du double sceau de la quête et de la rupture. Mais en tentant de s'arracher à son passé, à son *fatum*, le voyageur prend toujours le risque d'y replonger brutalement. Pour d'autres, dont Paul-Laurent Assoun, le voyageur part dans la réalité à la recherche du parent imaginaire[1]. « Ne se sentant plus limité dans son désir, le sujet est absorbé par ce mouvement de quête fantasmatique. Ainsi le voyageur rapporte-t-il fréquemment un sentiment d'exaltation. [...] il ne se trouve alors plus renvoyé qu'à sa propre image dans un jeu de miroir qui n'est plus interrompu par le regard de l'autre, regard auquel le sujet désirait précisément se soustraire en partant en voyage[2]. » Mais voyager, c'est avant tout « fuir la figure paternelle pour ne pas l'affronter sans pour autant abandonner l'espoir de la dépasser et de réaliser quelque chose d'œdipien en parcourant le monde[3] ». Les adolescents ont ainsi, depuis toujours, un tropisme certain pour les voyages. Car voyager,

1. P.-L. Assoun, *Le Voyageur barbare. Pour une lecture psychanalytique d'Henri Michaux*, Paris, Ellipse, 1992.

2. C. Zittoun, C. Recasens, N. Dantchev, « Psychopathologies et voyages : les rapatriements sanitaires psychiatriques », *Société médico-psychologique*, 152 (10), 1994.

3. B. Quirot, « Faux mouvement. Voyage et psychopathologie », *Gradhiva*, 18, 1995.

c'est fuir le monde sexué des adultes et, par-là même, sa propre finitude. Tintin n'en est-il pas l'exemple typique « asexué et voyageur » ? C'est aussi garder l'illusion infantile d'un sentiment d'éternité et de toute-puissance. Nous revoilà dans l'île des enfants perdus de Peter Pan — ou dans l'errance insouciante du Roi Lion, avec sa fameuse devise : *Akumba matata* (« Fais ce qu'il te plaît ») —, un lieu où l'on peut se transformer en prenant le temps avant de revenir parmi les siens.

Nous allons tout d'abord nous intéresser au voyage pathologique, celui des « fous » qui vont en Inde, puis au voyage pathogène, celui de l'Inde qui rend « fou ». Nous envisagerons ensuite ce déplacement sous l'angle du voyage initiatique, sorte de stratégie thérapeutique de l'adolescence qui, fragilisante à court terme, renforce à long terme le voyageur. Enfin, nous aborderons sur les rives du sentiment océanique, cet « élan immensifiant qui permet de communier avec le cosmos » (Michaux). Le XXe siècle s'est achevé avec la célébration de deux grands poètes voyageurs, Henri Michaux et Victor Segalen, qui n'ont jamais dissocié voyage géographique et voyage intérieur[1]. La prochaine grande aventure humaine pourrait bien être celle de « l'exotisme intérieur »...

1. *Cf.* « Victor Segalen, voyageur et visionnaire » et « Henri Michaux : peindre, composer, écrire », les deux expositions parallèles qui se sont tenues entre octobre et décembre 1999 à la Bibliothèque nationale de France.

CHAPITRE PREMIER

# Fuir sa folie : pervers, dépressifs et toxicomanes

L'Inde est un terreau fertile sur lequel s'épanouissent les symptômes des uns. Georges, le tueur en série que j'évoquerai plus loin, nous en fournira un exemple extrême. Pour d'autres, ce pays est une terre aride. Confrontés à leur propre vide intérieur, ils plongent dans l'errance et le vagabondage, se laissent aller, telle une algue, au flux et au reflux de l'atemporalité indienne. La drogue tombe alors à point nommé : elle leur fournit un semblant d'identité en leur permettant de rejoindre le « cercle » toujours ouvert des toxicomanes.

Pour chacun de ceux-là, le voyage est *pathologique.* Avant leur départ, ils présentent déjà des troubles psychiatriques qui, parfois, sont à l'origine même du voyage, ce dernier faisant alors partie d'un processus délirant[1]. Ainsi, une

1. D'où l'expression « aliénés migrateurs » utilisée par Foville au XIX^e siècle pour qualifier ces voyageurs. *Cf.* A. Foville, « Les aliénés voyageurs ou migrateurs.

femme qui voulait sauver la planète se rendit en Inde dans ce seul but. J'ai également croisé à Goa un homme qui était en permission de week-end d'un hôpital psychiatrique de la région parisienne... Certains viennent en Inde pour fuir leurs persécuteurs imaginaires, d'autres pour réaliser leurs projets mégalomaniaques. Le plus souvent, ces personnes relèvent de pathologies psychiatriques chroniques. En effet, si elles avaient été en crise juste avant leur départ, elles n'auraient pas été en état de faire les démarches administratives pour obtenir un visa et un billet d'avion.

Rien de tel, en revanche, quand le voyage se révèle *pathogène*. Nous y reviendrons en détail au chapitre suivant, mais disons tout de suite, pour fixer les idées, que, dans ce cas de figure remarquable, le voyage est la cause d'une décompensation psychique aiguë chez des personnes qui jusque-là étaient « normales », c'est-à-dire avec un relatif équilibre psychique : les troubles n'apparaissent qu'au cours de leur déplacement en Inde. Cette fois, c'est le voyage qui déclenche la crise, témoin de la mise en faillite du système de régulation mentale du voyageur. Ce moment pathologique n'est le plus souvent qu'une parenthèse dans l'histoire du sujet, mais peut aussi augurer d'un mode d'entrée

---

Étude clinique sur certains cas de lypémanie », *Annales médico-psychologiques*, 14 (5), 1875.

dans une maladie chronique comme la schizophrénie ou la psychose maniaco-dépressive.

Dans notre imaginaire, il est traditionnel d'associer Inde et folie. La littérature en témoigne, du *Vice-Consul* de Marguerite Duras à *L'Homme qui voulut être roi* de Rudyard Kipling, en passant par *Les Cigares du pharaon* de Hergé[1]. Dans les années 1970, l'opinion s'est focalisée sur les toxicomanes ou les jeunes « qui se droguent là-bas et deviennent fous ». De fait, il était admis que l'on ne rentrait pas indemne de ce voyage parfois initiatique, mais toujours pathologique. Il fallait être fou, pensait-on, pour aller s'y risquer. Seuls une attirance irraisonnée ou un délire mystique « orchestré » par une secte pouvaient motiver ce voyage. Aujourd'hui, les choses ont changé. L'Inde n'est plus réservée aux voyages pathologiques des toxicomanes — bien que ceux-ci ne manquent pas au « tableau des rencontres » du voyageur et que ce soient plutôt les raves de Goa qui effraient les parents. Une autre réalité a pris place, qui ne se cache plus derrière l'écran de la drogue : l'Inde peut rendre « fou ». Ainsi est-il courant que, revenant d'Inde, le voyageur fasse le récit de sa rencontre au coin

1. Dans *Les Cigares du pharaon*, Tintin est, dès son arrivée en Inde, aux prises avec des Occidentaux devenus subitement fous : d'abord le professeur Siclone qui se prend pour Ramsès II, puis un colon. Mais il est vrai que la cause en est « le poison qui rend fou ». Tintin, lui, ne fera un court épisode délirant — le seul de sa longue carrière de voyageur — que dans le tome suivant, *Le Lotus bleu*.

d'une rue, ou sur le marchepied d'un bus, avec un « flippé » le regard perdu dans le cosmos. Et il est encore plus courant qu'il ait pensé, à un moment de son périple, tout lâcher et vivre, simplement vivre, au rythme des moussons, ses envies, ses fantasmes. L'Inde ne permet-elle pas tous les délires ?

## *Le temps volé de Maurice*

Maurice a quarante ans et cela fait six mois qu'il vit en Inde. Il vient consulter pour des angoisses apparues une semaine auparavant et veut être hospitalisé. Il a l'air profondément triste dans son pyjama *kurta* blanc, la tenue que portent les Indiens. Son visage, mangé par une barbe de plusieurs jours, est figé. Ses gestes sont lents, mais il ne tient pas en place : il se lève, s'assoit, se relève, arpente mon bureau en m'expliquant qu'il n'a « plus rien » : il aurait tout donné, vêtements et argent, un mois plus tôt, à une jeune Allemande rencontrée dans la rue. Il n'a plus de papiers d'identité : dès son arrivée à Delhi, il s'est empressé de brûler son passeport et, peu après, a été arrêté. Les Indiens étant très stricts en matière de visas, il a passé deux mois en prison. À sa sortie, mon collègue de Delhi l'a fait hospitaliser quelques jours pour ce qui semblait être une manie délirante. Aujourd'hui, toutefois, c'est une personne déprimée qui se tient en face de moi. « Je rumine des idées noires depuis des années», me dit-il. Tendance suicidaire ? Non, Maurice n'a pas envie de mourir, à cause de ses deux filles restées en France. Ici, il n'a qu'un ami : son avocat.

Lors de son premier séjour en Inde, quatre ans plus tôt, il aurait débuté une psychose maniaco-dépressive, soignée depuis par neuroleptiques et sels de lithium. À l'époque, il avait un bon poste, une femme, des enfants. Et une maîtresse. Pour l'entretenir, il s'était mis à faire de la contrebande de montres. Résultat : un an de prison à Bombay et un procès en cours. À sa sortie, Maurice s'était retrouvé au chômage. Mélancolique (il aurait fait une première tentative de suicide durant son incarcération), il avait été hospitalisé quelques semaines dans une clinique psychiatrique. Sa femme avait alors demandé le divorce. Depuis, il vit seul et, convaincu de son innocence, vient régulièrement en Inde pour suivre l'évolution de son procès. Son avocat lui affirme que tout ira bien, qu'il sera réintégré par son ancien employeur et qu'il percevra ses arriérés de salaire. Pourtant, il est évident que Maurice, dont l'état de santé va en s'aggravant, n'est pas capable de reprendre ses activités.

Malgré sa demande, je n'ai pas fait hospitaliser Maurice, mais lui ai conseillé de rentrer en France. Je l'ai accompagné dans ses démarches pour obtenir un laissez-passer auprès des autorités indiennes, avant qu'il ne reprenne seul l'avion. Ses parents, avec lesquels il avait toujours gardé de bons contacts, l'ont accueilli à l'aéroport. Il a ensuite consulté un psychiatre qui, lui non plus, n'a pas jugé utile de l'hospitaliser. Qu'en conclure ? Visiblement, Maurice avait des antécédents psychiatriques. Ses troubles étaient antérieurs au voyage et avaient motivé celui-ci. Cette histoire de procès interminable tient du délire, un délire sans doute entretenu par un avocat véreux. Toutefois, la maladie semble s'être déclenchée quatre ans plus tôt, en Inde : sa première arrestation, qui fut certainement traumatisante, peut très bien avoir été à l'origine de la pathologie de Maurice, lequel n'avait peut-être pas, à l'époque, d'antécédents psychiatriques. Quand je l'ai rencontré, son voyage était pathologique, mais il est donc possible, si l'on remonte le temps, qu'il ait fait, des années plus tôt, un premier voyage pathogène...

### *À bout de souffle : dépressions et suicides*

Certaines personnes décident de venir mourir en Inde : les suicides d'Occidentaux au bord du Gange sont fréquents. Ainsi, un jeune homme séropositif avait pris un aller simple et comptait ne plus rentrer, comme dans *La Mort en direct* de Bertrand Tavernier où, se sachant atteinte d'une maladie incurable, l'héroïne, jouée par Romy Schneider, part sur la route. Des personnes dépressives, elles, viennent en Inde pour

« se soigner ». Elles pensent que leur souffrance est liée à un endroit et veulent, par le voyage, s'en éloigner à des milliers de kilomètres. Si la méthode s'est révélée efficace pour quelques-unes, pour d'autres, le voyage n'a fait qu'aggraver la maladie. À Goa, alors que j'essayais de profiter un peu de la plage, des personnes en pleurs venaient parfois s'allonger à mes côtés pour me confier leur détresse. Dans ce lieu paradisiaque, il n'était pas rare que certains, parfois sous l'emprise d'un délire, mettent fin à leur jours en nageant vers le large… D'autres gèrent mieux leurs symptômes, par exemple les psychopathes, pour qui le voyage est le stigmate de leur immaturité affective et de leur instabilité, mais aussi nombre de délirants chroniques, qui viennent depuis longtemps en Inde et dont le voyage est relativement bien organisé. Quoique des années auparavant ils aient parfois été rapatriés, ces voyageurs arrivent maintenant à rentrer seuls. Peut-être ont-ils trouvé là, dans le chaos de l'Inde, un écho rassurant à leur propre chaos intérieur… Ainsi André, que je rencontrais à chaque saison touristique et qui me confiait, tout en sirotant son thé dans une calotte crânienne, être en contact permanent avec des extraterrestres qui lui avaient confié une mission sur terre.

## *Dominique le dromomane*

Il reste peu de vagabonds occidentaux en Inde. Ceux-là — les « dromomanes », comme on les appelait à la fin du XIXᵉ siècle[1] — ont choisi une forme d'existence « réalisant et symbolisant le refus d'une insertion sociale et comportant le refus d'une historicité personnelle dans les cadres offerts par la société[2] ». Ils ressemblent aux personnages de *Sans toit ni loi*, le film d'Agnès Varda, et vivent hors désir, hors temporalité, hors identité, cherchant seulement à jouir du moment présent.

Parmi ceux que j'ai rencontrés, un seul est rentré en France. Il s'appelait Dominique, avait la trentaine, errait sans ressources depuis quatre ou cinq ans. Je fis sa connaissance par hasard, à Goa, où il était arrivé deux mois plus tôt. Frappé par son état de clochardisation, un jeune Anglais m'avait alerté. Dominique ne connaissait personne et seuls les Indiens, qui l'avaient toujours vu ainsi, le nourrissaient. Son discours, bien que très pauvre, était cohérent. Dominique n'était pas délirant, ni confus, ni toxicomane. Simplement, il était incapable de dire quoi que

1. Le mot vient du grec *dromas*, qui veut dire « coureur ». *Cf.* A. Pitres, E. Regis, « Impulsion à la fugue (dromomanie) », in *Obsessions et Impulsions*, Paris, Doin, 1900, p. 333-339.

2. A. Crémieux et *al.*, « Fugue et existence vagabonde », Comptes rendus du Congrès des médecins aliénistes et neurologistes, Lyon, 1957.

ce fût sur sa vie et sur la chronologie des événements. Quand je lui parlai d'un éventuel retour en France, il me répondit : « Ça a dû pousser là-bas. Sinon, le pays, ça doit être le même. » Et il refusa de partir.

Quelque temps plus tard, il vint pourtant me voir à Bombay et décida d'écrire à ses parents. Sur sa carte postale, il n'inscrivit qu'un mot : « Bonjour ! » Pour les parents, la surprise fut totale : ils croyaient que leur fils était mort. Ils me téléphonèrent aussitôt et payèrent son billet d'avion. Dominique, lui, ne voulut s'occuper de rien. Les préparatifs de départ, les démarches administratives ne l'intéressaient pas. Tout glissait sur lui, comme si le fait de rentrer, de revoir ses parents, le laissait totalement indifférent. Pour reprendre les mots de Merleau-Ponty, « le temps impersonnel continuait de s'écouler, mais le temps personnel était noué[1] ». Dominique n'éprouva pas non plus d'angoisse au moment du départ, et c'est bien compréhensible : tout ce qu'il voulait, finalement, n'était-ce pas voyager, seulement voyager ?

## *Oublier le temps*

Chez les toxicomanes, la drogue est à l'origine même du départ en Inde[2]. Il s'agit donc d'un

---

1. M. Merleau-Ponty, *Phénoménologie de la perception*, Paris, Gallimard, 1945.

2. Voir notamment C. Duchaussois, *Flash ou le grand*

voyage pathologique. Par ailleurs, le « produit » peut faire écran à une pathologie délirante ou dépressive sous-jacente. Les personnes dont je vais parler étaient héroïnomanes. On pourrait cependant inclure dans cette catégorie les polytoxicomanes « nouvelle génération », qui dépendent aussi bien du haschich, du LSD, de l'ecstasy, que des raves, ces fêtes extatiques qui, si elles s'enchaînent soir après soir, ne sont plus des moments d'extase collective, mais une fuite en avant.

La plupart des héroïnomanes occidentaux que l'on croise en Inde étaient déjà toxicomanes avant de partir. Quelques exceptions confirment la règle, parmi lesquelles on retrouve des « anciens » de la route, comme Robert (quarante ans), surnommé « l'astrologue de Goa ». Depuis une dizaine d'années, il gagnait sa vie en faisant le thème astral des contrebandiers. Il était opiomane depuis quinze ans. Il me disait avoir commencé à en prendre au cours d'un voyage effectué dans des régions où l'opium est d'usage courant et est offert à l'hôte étranger. S'il était toujours en vie, me disait-il encore, c'était grâce à sa fille de quinze ans (qui vivait avec lui et sa femme non toxicomane), envers qui il se sentait « responsable ». Il est rentré en France après que sa mère fût venue lui rendre visite en Inde.

Dans une nouvelle intitulée « La Porte aux

---

*voyage*, Paris, Fayard, 1971, et J.-P. Aupourain, *Les Rêves meurent sous la drogue*, Paris, Flammarion, 1977.

mille soleils», Kipling raconte l'histoire d'un résident occidental qui devient opiomane. Aujourd'hui, on ne trouve quasiment plus en Inde d'expatriés toxicomanes, l'usage de drogue étant illégal et réprimé dans la plupart des États indiens. J'en ai pourtant rencontré une. On m'avait signalé cette fonctionnaire en congé longue durée *(sic)* comme une toxicomane en difficulté à Calangute, une des plages de Goa. Elle y errait avec ses chiens et son ami, s'attirant les foudres de la population locale. Quelques semaines plus tard, elle vint me voir à Bombay afin que je lui renouvelle son congé. Je lui accordai trois mois, étant entendu qu'elle mettrait à profit cette période pour organiser son retour en France. Le délai écoulé, je dus constater qu'elle n'en avait rien fait.

En dépit des apparences, Inde et toxicomanie ne riment pas toujours, même si certains voyages *initiatiques* ont pu favoriser la rencontre avec la drogue. Dans ces cas, le toxicomane a «raté» son initiation. N'ayant pu acquérir une identité propre, il se réfugie derrière celle de toxicomane et la revendique. Ainsi, l'échec du rituel initiatique est sanctionné par le perpétuel recommencement de la cérémonie qui aurait dû le consacrer[1].

Comparé au vagabond, qui n'a ni désir ni temporalité, donc pas d'angoisse tant qu'il est

---

1. *Cf.* F. Gébérovich, *Une douleur irrésistible. Sur la toxicomanie et la pulsion de mort*, Paris, InterÉditions, 1984.

« libre » de toute attache, le toxicomane réintroduit le besoin et le manque avec le toxique. L'angoisse aussi est là, mais cristallisée sur le moment du manque. Pris dans l'atemporalité indienne, il oppose sa temporalité propre qui le replace dans le champ du besoin. Il ne peut plus s'arrêter d'avoir besoin. Son fantasme semble être de stopper la roue du temps, de concentrer celui-ci dans l'instant. « Vouloir tout, tout de suite, c'est vouloir rassembler toutes les époques dans la minute », écrit P. Lekeuche[1]. La drogue est ainsi « une machine à oublier le temps[2] ».

## *Jean sans parole*

Manipulateurs, parfois voleurs et souvent sans parole, ils ont une idée fixe, une seule raison de vivre : l'héroïne. Tel est le cliché que véhiculent les « junkies » de l'Inde. Jean, la quarantaine, en était l'illustration. Il avait la réputation d'être le plus grand voleur de la région : « Il a les yeux fermés, me disait-on, mais il voit tout et, tel le crocodile dans un marécage, quand il a repéré sa proie (un jeune touriste), il la dépouille

1. P. Lekeuche, « Toxicomanie et pulsionnalité », intervention aux Journées de la toxicomanie, Reims, 6-7 décembre 1985. Ce fantasme résonne avec la réalité indienne, où toutes les époques de l'humanité — du Moyen Âge à Internet — semblent s'étaler sous les yeux du voyageur.

2. *Cf.* J.-F. Solal, « Toxicomanies et recherche du temps perdu », colloque de l'Abbaye, 1990.

totalement. » Nos multiples rencontres dans les rues de Bombay, qu'il hantait depuis quelques années, ou au consulat, n'ont rien changé à sa situation. Avec lui, rien ne se passa, si ce n'est du temps.

Pour lui, les médecins du consulat étaient interchangeables. Figé dans une temporalité circulaire, il venait consulter sans raison particulière et s'adressait toujours à nous comme s'il parlait à un interphone. Pour ouvrir quelle porte ? Peut-être celle qui lui permettait, comme on va le voir, de rester en contact avec sa mère.

Sa première consultation, je m'en souviens, eut lieu au début du mois de mai, peu après mon arrivée à Bombay. C'était la fin de la saison touristique, il faisait chaud et les « habitués » de l'Inde commençaient à refluer vers les aéroports. La consultation était chargée, car ils avaient pris l'habitude de passer au consulat récupérer billets d'avion et passeports. J'avais déjà aperçu Jean à Goa, sur la plage d'Arrambol, au cours d'une mission. Sans même se présenter, il m'avait alors sommé de lui rendre l'argent que sa mère lui aurait envoyé et que l'un de mes prédécesseurs, deux ou trois ans auparavant, lui aurait volé.

Ce jour-là, au consulat, Jean me raconte la même histoire. Il veut voir « des papiers » et m'explique qu'il a fait l'erreur de ne pas signer ce mandat à l'époque. Ses propos n'ont rien à voir avec sa gestuelle, qui est plutôt ralentie. Complètement défoncé, maigre, les cheveux plaqués au visage par la sueur, Jean me parle d'un ton monocorde, les yeux clos et le menton sur la poitrine. Ses bras tatoués sont croisés sur la table, donnant l'impression qu'il prie... Sans transition, il me demande un antibiotique pour traiter sa sinusite chronique. Puis, il me confie avoir arrêté de « fixer » à l'héroïne depuis quelque temps. Désormais, il « chasse le serpent ». Cette méthode importée de Hong Kong consiste à mettre de l'héroïne de mauvaise qualité, le *brown sugar*, sur un papier d'aluminium, puis de la chauffer à la flamme d'une allumette. Le produit se liquéfie et coule en serpentant sur la surface métallique (d'où l'expression) en dégageant une fumée que l'on inhale. Très toxique, le *brown sugar* « accroche » l'usager rapidement et fait de nombreux ravages en Inde.

Plus tard, Jean vient me revoir pour un problème de diarrhée. Il me parle de sevrage et a le projet d'écrire à sa mère. Peu après, il revient déprimé. Il a des insomnies et pense que, toxicomane depuis quinze ans, il ne s'en sortira jamais. Sa dernière cure de désintoxication remonte à quatre ans. Il me dit l'avoir faite en France, puis être parti ramasser des oranges dans une île de la Méditerranée. De là, il aurait repris la route de l'Inde, où il aurait « replongé ». Pendant les mois qui suivent, ces trois thèmes — meurtrissures du corps, attente des nouvelles de la mère, projet de sevrage — rythment chacun de nos « entretiens ».

Son père et sa mère, divorcés alors qu'il était adolescent, n'occupent pas chez lui le même espace. Du père, chef d'une petite entreprise, il parle peu. C'est pourtant lui qui a financé le premier voyage de son fils en Orient. « Quand j'ai eu seize ans, m'explique Jean, il m'a demandé ce que je voulais faire dans la vie. J'ai répondu que je voulais voyager. J'aurais pu être patron à vingt ans, mais je ne voulais plus habiter là-bas. Alors, il m'a payé ce voyage. Et depuis, je fais la route. » Sa mère, par contre, peuple les attentes de Jean. Elle doit lui écrire, elle va lui écrire, pourquoi sa lettre n'arrive-t-elle pas ? Entre eux, il y a l'histoire d'un rendez-vous manqué. Jean me brosse le portrait d'une aventurière improvisée, tandis que, après quatre mois de tergiversations, il s'est enfin décidé à lui écrire. L'année précédente, elle était en effet venue à Delhi chercher son fils sans même connaître son adresse. « Alors qu'elle ne parle pas anglais, elle a fait fort. À peine arrivée, elle prend un *rickshaw*. Le chauffeur, c'était mon dealer, un gros Sikh qui doit être mort à l'heure qu'il est. Il lui demande trop cher à son goût. Alors, elle descend et part en stop. Tu te rends compte ? En Inde ! Tu vois le caractère... Bref, je ne l'ai pas réceptionnée. Elle a passé quinze jours à me chercher. » De cette femme « ultra-possessive », dont il ne supporte pas l'idée qu'elle puisse mourir, Jean me dit aussi : « Je l'aime bien, mais elle est chiante quand elle s'y met. Elle a du fric. Elle m'en donnait et après elle contrôlait. C'est le conflit depuis le début. »

Ce que Jean attend de sa mère, c'est un mandat.

Et la lettre qu'il lui écrit devant moi, en s'appliquant sur sa feuille comme un écolier, ne vise qu'à la convaincre de lui envoyer cet argent : « Après ton départ de Delhi, je me suis promis de faire quelque chose pour toi. Tu es la seule qui m'as toujours aidé à m'en sortir. J'ai arrêté les piqûres au profit de la fumette. Je comptais t'offrir mieux, mais je n'ai pas réussi pour l'instant. Maman, garde le moral, le plus dur est fait, on a repris contact. J'ai bon espoir… »

Et puis un jour, la mère de Jean me téléphone. Elle veut bien financer la cure de désintoxication de son fils. Elle a déjà contacté en France une association « musclée » pour la postcure. Jean accepte, puis se rétracte. « Si j'arrête, le cœur va lâcher, me dit-il une fois. Je le sens. Et puis, cette association, ça ne me dit rien du tout. » Nous mettons quand même en place les modalités du sevrage. Plus la date fatidique approche, plus Jean veut repousser le rendez-vous. « Ce n'est pas facile de faire une croix sur vingt ans de toxicomanie. Et après, quand je serai en France, j'aurai l'air con à boire mon coup dans les cafés. Je veux bien essayer, mais je n'y crois pas trop. » Il y croit si peu qu'il ne viendra pas au rendez-vous, malgré le fait que les fonds soient arrivés pour son rapatriement.

Tout au long de ces rencontres, je m'interrogeais sur la structure psychologique de Jean. Était-il psychotique ? Même s'il n'exprimait aucune idée délirante, l'héroïne venait peut-être à point nommé pour masquer ces troubles. Dès que j'eus quitté l'Inde, il réclama à mon successeur l'argent de sa mère qu'il me soupçonnait d'avoir détourné. Décidément, le disque était rayé...

### *Le transfert de Danielle*

Avec Danielle, si rien ne bouge dans sa vie au bout de seize mois de « prise en charge », il se passe pourtant quelque chose : elle semble accessible au transfert et veut me montrer que, même au fond de la plus grande galère toxicomane, on peut tenir parole.

Danielle avait quarante ans. Depuis plus de dix ans, elle menait une vie de toxicomane prostituée à Bombay, où elle était connue comme une des « vedettes rescapées » du film *Charter pour l'enfer*. Elle vivait dans une minuscule chambre d'hôtel à Colaba, le quartier où s'arrêtent les routards, et dormait sur un matelas littéralement rongé par les brûlures de cigarettes et plein de punaises. De temps en temps, elle passait au consulat voir si l'argent qu'elle recevait régulièrement de sa famille était arrivé.

Un jour que son médecin traitant est absent, Danielle vient me voir. Elle veut du valium, je refuse de lui en prescrire. Deux semaines plus tard, elle revient. Cette fois, elle se plaint d'une douleur à la cuisse droite. Elle a fait une mauvaise chute alors qu'elle fuyait son hôtel, où la police effectuait une « descente ». Comme elle n'a pas d'argent, je lui avance exceptionnellement de quoi passer une radio.

Quand je revois Danielle, elle souffre de plus en plus. Sur son front, entre les deux sourcils, est tatouée une croix mal tracée qui prend, avec l'effort et la douleur, la forme de la lettre grecque majuscule « psy ». Maintenant, il lui est impossible de s'appuyer sur sa jambe malade. Elle n'a pas fait sa radio et a utilisé l'argent pour se payer de l'héroïne. Je l'accompagne donc moi-même à l'hôpital, où l'on diagnostique une fracture non déplacée du col du fémur nécessitant une ostéosynthèse. Un rendez-vous est pris chez un ami chirurgien orthopédique, qui lui conseille lui aussi de se faire rapidement opérer. L'état général de Danielle est très mauvais : infectée et décalcifiée, elle risque de perdre l'usage de sa jambe. Un rapatriement d'urgence n'est pas envisageable, vu ses problèmes financiers, son séjour illégal en Inde et sa toxicomanie. La décision est donc prise de l'hospitaliser sur place le lendemain. Aucun crédit n'étant disponible, je fournis l'avance financière. Danielle me donne sa « parole » qu'elle me remboursera dès le prochain virement de ses parents.

Le matin de son opération, elle apprend que la clinique ne dispose pas de produits de substitution. Elle quitte aussitôt les lieux pour se ravitailler. Quand j'arrive, je tombe dans le hall d'entrée sur les chirurgiens masqués et gantés, en casaque verte, sidérés de voir leur cliente leur échapper. « Il faut l'accompagner chercher sa drogue. Vous avez une demi-heure », me dit mon ami chirurgien. Je fonce avec Danielle chez son dealer.

L'opération a finalement lieu. Au réveil, le premier geste, la première pensée de Danielle est de chercher la drogue sous son matelas... Elle doit rester hospitalisée une dizaine de jours pendant lesquels je vais la voir quotidiennement. Les entretiens reviennent invariablement sur son sujet favori : la « dope », les articles dans la presse à ce sujet. Elle ne veut pas profiter de ce séjour à l'hôpital pour « décrocher » et s'arrange pour envoyer les garçons d'étage chercher de l'héroïne avec l'argent qu'elle emprunte à droite et à gauche. Pour y couper court, je ne vois pas d'autre solution que de lui donner chaque jour un peu d'argent et interdis tout « prêt indien » au sein de la clinique.

Danielle tiendra parole : elle me remboursera peu après sa sortie. En même temps, elle me donnera une longue lettre, presque une lettre d'amour, où elle me remercie de m'être « terriblement compromis » en avançant l'argent de son opération. « Si tu savais les concessions que j'ai faites pour garder ma parole, m'écrit-elle. C'est comme un train, je roulais sur une voie, accident, voie de garage, on me remet en circuit, cette fois sur une autre voie... » Danielle n'a pas arrêté la drogue et a repris son rythme de « visites banques », en s'arrangeant pour que nous lui fassions toujours une petite avance sur l'argent à venir. C'est sur cette limite transgressée qu'elle s'est visiblement étayée. Elle avait son « ardoise » au consulat.

## *La « demande » des toxicomanes*

Que nous apprennent les histoires de Jean et de Danielle ? D'abord, que les toxicomanes prennent contact avant même que ne surgisse une demande. Leur prise en charge, qui s'étale souvent sur plusieurs années, est difficile vu leur tendance à la manipulation et l'absence de demande « psychologique » formulée.

D'emblée, j'ai considéré qu'il n'y avait pas d'urgence en toxicomanie. J'ai posé avec ces personnes des limites très strictes — pas d'aide financière en particulier, sauf en cas d'urgence médicale, Danielle étant la seule et unique exception.

Sur les quarante patients toxicomanes que j'ai rencontrés, la moitié avait moins de trente ans et les deux tiers étaient des hommes. Ils étaient dans une « temporalité de précipitation » : pour eux, c'était « tout ou rien » et « tout de suite ». La verbalisation était souvent limitée à sa plus simple expression, traduisant une pauvreté fantasmatique qui donnait parfois l'impression d'une véritable « mort psychique[1] ».

---

1. D. Saada, *La Fin des chemins de Katmandou. À propos des toxicomanes français observés dans le cadre de*

Il était difficile de connaître leur biographie exacte et d'établir la chronologie des événements, comme s'ils ne s'inscrivaient pas dans une temporalité, ou plutôt comme s'ils tentaient d'y échapper. Seul le manque faisait scansion dans cette bulle où le toxicomane « se protège du monde extérieur et n'en laisse rien filtrer que les sensations agréables comme le fœtus dans le ventre de sa mère[1] ».

Les motifs de consultation étaient variables : demande de papiers d'identité (plus de la moitié avait « perdu » leur passeport), d'aide financière, courrier et, surtout en ce qui concernait les « habitués » de Bombay, soins somatiques. Chez les toxicomanes, le corps est, comme le dit Jean Bergeret, « le lieu de toutes les demandes[2] ». Plus que les autres, ils sont dans l'obligation de s'en servir comme lieu de mise en scène. À travers lui, « c'est une nouvelle fois le lien au maternel qui est attaqué[3] ».

Quand ils parlaient de leur famille, c'était en effet le plus souvent de leur mère. Ils entretenaient avec elle une sorte de rapport passionnel malgré la distance géographique ou temporelle

---

*l'ambassade de France en Inde*, Mémoire pour le CES de psychiatrie, Paris, 1986.

1. C. Olievenstein, *Écrits sur la toxicomanie*, Paris, Éditions Universitaires, 1973.

2. J. Bergeret, « Aspects économiques du comportement d'addiction », *in* J. Bergeret, M. Fain, *Le Psychanalyste à l'écoute du toxicomane*, Paris, Dunod, 1981.

3. D. Saada, *La Fin des chemins de Katmandou*, *op. cit.*

(dix ans parfois, mais ils en parlaient comme si c'était hier). Il y avait rupture spatiale, mais le lien à la mère s'en trouvait renforcé. C'est « le partir tout en restant[1] ». La drogue devient pour le toxicomane la preuve éternelle de l'amour qu'il porte à sa mère. Du père, en revanche, ils ne parlaient pas, ou très peu, le maintenant dans une position périphérique. Souvent aussi, il était accusé de quelque chose. Jean, par exemple, lui reproche implicitement de lui avoir payé son premier voyage en Orient.

Le sevrage était un motif fréquent de consultation. Deux ont abouti pour des patients qui avaient de nombreuses années de toxicomanie derrière eux, et j'en suis le premier surpris ! Car, pour quitter le monde de la drogue, il faut en passer par un travail de deuil, en particulier celui de la toute-puissance infantile — et l'Inde n'est pas forcément, de ce point de vue, un endroit idéal...

Mais si certains toxicomanes « chroniques » venaient régulièrement pour des soins somatiques, la plupart des demandes s'adressaient au corps social de la « mère-patrie », « mère archaïque uniquement mauvaise avec laquelle aucun compromis n'est possible[2] ». L'un de mes

1. *Cf.* A. Charles-Nicolas, « À propos des conduites ordaliques : une stratégie contre la psychose », *Topique*, 35-36, 1985, p. 207-229.

2. J. Dugarin, C. Frohwirth, F. Smiejan, *Le Toxicomane et ses régressions*, 1980.

collègues de Delhi me raconta ainsi l'histoire suivante, qui tient du cliché. Un couple de toxicomanes demandèrent de l'argent aux autorités françaises pour rapatrier le corps de leur bébé qui venait de mourir. On leur avança les fonds. Le lendemain, on trouva devant la porte de l'ambassade le cadavre de l'enfant enveloppé d'un sac plastique…

*René, ou le changement*

Mais tout n'est pas toujours aussi noir. René nous le prouve, qui a fini par « décrocher » de la drogue, mais pas de l'Inde.

Grand, tout habillé de blanc, un parapluie noir à la main (c'est la mousson), le regard triste, René, trente-deux ans, vient me voir pour la première fois en août au consulat de Bombay. Il parle lentement, se déplace au ralenti. Il veut se désintoxiquer de l'héroïne avant de rentrer en France. Bien que très amaigri, avec de nombreuses traces d'injections au niveau des bras, il est assez élégant et semble sortir tout droit d'un roman de Marguerite Duras. Il n'exprime pas grand-chose à part cette demande de sevrage.

En Inde depuis un an, il est de nouveau « accro » depuis cinq mois et prend un gramme d'héroïne par jour en intraveineuse. Il « touche » aux opiacés depuis de nombreuses années, mais dit s'arrêter chaque fois qu'il revient en France. Il parle couramment l'hindi, qu'il a étudié à

Delhi avec une bourse de l'État français, et vient en Inde depuis dix ans. Sa décision d'arrêter la drogue semble motivée par l'angoisse du retour en Europe. À lui aussi, on a « tout volé ». Il essaie en vain de m'emprunter de l'argent. Comme il n'a plus de passeport, nous devons refaire des papiers provisoires pour qu'il puisse quitter l'Inde.

René dit avoir surtout peur de l'insomnie quand il s'arrêtera, et du manque, ce qui justifie sa demande de médicaments, là aussi classique. Je l'adresse donc au centre de désintoxication avec lequel nous travaillons. Il est hospitalisé dès le lendemain dans un hôpital public, où il reste dix jours malgré le fait que l'on ait trouvé en sa possession du *brown sugar*, mille roupies et de l'alcool de noix de cajou, une spécialité de Goa.

Il vient me revoir après sa cure de sevrage, un vendredi, inquiet de se retrouver seul à la rue, car il a peur de rechuter. Son départ est prévu pour dans quelques jours. René me demande de l'héberger d'ici-là. Ce que le médecin du consulat fait parfois pour les patients suicidaires ou délirants, mais très rarement avec des toxicomanes... Devant son angoisse, j'accepte pourtant de le recevoir et nous convenons d'un contrat de deux jours. À peine arrivé chez moi, pourtant, René file dans la salle de bain et se fait une injection. Durant tout le repas, il pique du nez dans son assiette devant le regard étonné de la Goanaise qui s'occupe de la maison, puis sort de table, vomit et va se coucher. Le lendemain, je le menace de le mettre à la porte s'il recommence. Il ne reprendra plus de drogue chez moi devant ma détermination. Nous passerons le week-end à discuter jusque tard dans la nuit et à nous promener dans un endroit peu connu de Bombay situé à proximité de mon domicile : le réservoir du temple de Walkeshwar, le Seigneur du Sable, un lieu sacré où, dit-on, le dieu Rama aurait fait jaillir une source en tirant une flèche dans le sol.

Le premier jour, René est anxieux. « Je me sens vide », dit-il. Et il m'explique que c'est cette peur du vide qui le pousse vers l'alcool et les morphiniques. Il ne sait que faire en France. Depuis l'âge de dix-huit ans, il fait la route et n'a jamais vraiment travaillé. Il se plaint de difficultés de contact, en particulier de ne pouvoir assumer des relations à long terme avec les femmes. Peu à peu, cependant, une complicité s'installe et il me confie avoir fait de nombreuses tentatives de suicide en Inde. « Je n'ai pas peur de la mort, me dit-il, mais elle ne veut pas venir. Je me suis plusieurs fois allongé sur les rives du Gange, à Bénarès, après avoir avalé des comprimés, mais ça n'a pas marché. » Il évoque aussi un épisode délirant lors de son séjour dans cette ville, dix ans plus tôt, épisode non traité et qui aurait duré quelques mois : « J'ai alors pris conscience de mon aura. » Ce qui aurait déterminé sa vision mystique du monde.

René me raconte également ses voyages, ses études à Delhi, sa passion pour l'Inde et la musique indienne. Jamais il n'est question de drogue. C'est vrai que ces moments passés avec lui entre deux averses, autour du grand bassin de Walkeshwar, sont un souvenir émouvant. Je n'avais pas l'impression d'être en entretien, mais plutôt d'établir une relation amicale avec un voyageur de passage. C'est ce qui faisait la richesse de notre travail et participait de la surprenante efficacité thérapeutique de ces rencontres.

René rentrera bien en France, où il vivra quelques péripéties avant de s'assagir et, grâce au soutien de sa famille et d'un thérapeute, de décrocher de la drogue. Je recevrai de lui plusieurs lettres m'expliquant que les trois jours passés ensemble constituent les meilleurs souvenirs de son voyage en Inde et que je suis « le type qu'il aurait aimé être ». Ce transfert massif, allié au double maternage de sa famille et de l'Inde, ont vraisemblablement contribué à combler la brèche narcissique où s'engouffrait le produit opiacé. Plus tard, René n'a pu s'empêcher de revenir en Inde — preuve que la dépendance à ce pays est difficilement curable. Mais là, c'est une autre histoire…

## *Georges et le mythe des Thugs*

« Il y avait une caste autrefois [les Thugs] qui parcourait l'Inde dans le but de fournir aux dieux des sacrifices humains. Ils vous attrapaient sur la route, vous emmenaient devant un autel, et vous serraient le cou avec un lacet. Dieu, qui en apparence accepte tout, ne disait rien. Et contents, ils repartaient à la recherche d'un autre homme. C'est ainsi que nombre de voyageurs cessèrent de donner de leurs nouvelles à leurs familles et à leurs proches» (Henri Michaux, *Un barbare en Asie*). Il existe un profil de voyageur que l'on pourrait qualifier de «toxicomane sans toxique[1]» : l'objet de sa toxicomanie est en quelque sorte lui-même, l'image idéale qu'il a de lui-même. Ce voyageur est mythomane et caméléon : son identité change au gré des rencontres et il utilise les autres à son profit. Généralement, c'est un voyageur au long cours, qui s'est délesté de sa culture, du social et de son entourage. J'en ai rencontré un récemment qui rentrait de Thaïlande. Il exprimait une grande souffrance morale et se demandait comment revenir dans la réalité «avant de vraiment faire du mal aux gens». Jusque-là, il n'avait fait que profiter de l'argent de ses compagnes de rencontre, mais il se sentait maintenant capable du pire. Qu'est-ce qui l'effrayait tant ? Il n'arrivait pas à mettre de mots sur son angoisse et nos entretiens, malgré toutes les aventures qu'il avait vécues, étaient vides, sans substance.

Chez les adolescents et les jeunes adultes, ce type de comportement n'est pas vraiment

---

1. J.-F. Solal, S. Verebe, «Toxicomanie sans toxique», *Bulletin de psychologie*, t. XXXVI, n° 359.

pathologique. Ils s'essayent à la vie, se construisent et muent après différentes identifications. Chez les psychopathes, au contraire, c'est un comportement classique qui leur permet de combler leur vide fantasmatique. Certains vont même jusqu'à en faire un métier. Au fil des ans, ils s'enferment dans cette sorte de délire d'identité. Si l'idée que la vie n'est qu'un jeu peut paraître séduisante, à terme « les autres » finissent par ne plus exister. On en arrive ainsi à des cas extrêmes, comme celui de Georges, qui utilisait la fragilité des voyageurs occidentaux en Inde et savait se poser en tant que guide, ami, voire médecin ou psychothérapeute pour mieux maîtriser ses victimes. Après les avoir endormies, il volait leur identité, vivant en quelque sorte « à leur place ». Justifiant ses crimes par l'idéologie de l'époque, il se voulait voleur (de riches) au grand cœur. Mais, peu à peu, il s'attaqua à des touristes de moins en moins fortunés : hippies, routards — ce qui lui vaudra le surnom de tueur des chemins de Katmandou.

Sa biographie est une « histoire à histoires » centrée sur l'absence d'identité officielle jusqu'à l'âge de vingt-cinq ans. On y retrouve le parcours classique du psychopathe, avec rejet inconscient de la part des deux parents qui se renvoient l'enfant comme un projectile dans leurs propres conflits, ne lui permettant pas une identification stable et l'incitant à ne concevoir comme défense contre l'angoisse que le passage à l'acte. Cependant, il fait parti de ceux qui ont « réussi » et, comme l'écrit Henri Ey, « se raidissent dans le personnage du criminel solitaire, "samouraï narcissique" et précautionneux, qui peuvent devenir les héros du crime dont la chronique a retenu les noms de Landru au docteur Petiot[1] ». C'est ce premier surnom de « Landru de l'Asie » que n'a pas hésité à lui donner la presse, lors de son arrestation à Delhi, après qu'il eut tenté d'empoisonner un groupe de vingt touristes français pour les voler.

Georges sait utiliser le « choc culturel » à son profit. Il n'ignore pas que l'Occidental perd ses repères en Inde. Et c'est à ce moment qu'il intervient, rassurant et charmeur. Il se lie avec le touriste et invite sa future victime à dîner. Classiquement, la personne se plaint de dysenterie ; Georges a justement les médicaments appropriés. Dans le meilleur des cas, son « traitement » endort les victimes, qui se retrouvent le lendemain sans un sou et dépouillées de tous leurs papiers.

Je l'ai rencontré dans le cadre d'une visite de routine auprès des ressortissants français incarcérés. C'était un an avant qu'il ne s'évade de la prison où il purgeait une peine pour tentative de meurtre sur trois jeunes Français. Cela faisait longtemps que les médias ne parlaient plus de lui : il avait cessé — pour un temps — d'être une « vedette du crime ».

Je suis arrivé en moto après une journée de

1. H. Ey, *Manuel de psychiatrie*, Paris, Masson, 1996.

route depuis Goa. « Haïssez le péché, mais pas le pécheur » : telle est la devise accrochée à l'entrée de la petite prison de district où Georges se morfondait. La plupart des prisonniers sont ici à cause de bagarres, d'autres pour des crimes lors de partages de terrains. Des voleurs, il n'y en a pas — sauf Georges. Les gardiens semblent le respecter. « C'est une personne très intelligente », me disent-ils.

L'homme dont je fais la connaissance est de grande taille, un peu voûté. Il est surpris, mais visiblement content d'avoir de la visite. Il a l'air sympathique. Immédiatement, il veut savoir si j'ai lu ses Mémoires, qui ont été un best-seller. Puis, il me raconte sa vie : la célébrité, l'argent, les palaces, en compagnie de sa femme et de sa fille. Il aime le jeu. Sa femme l'accompagne dans les casinos et lui sert de garde-fou. Mais un soir, elle préfère aller se coucher : Georges perd une fortune. Son affaire d'import-export s'écroule et sa femme finit par le quitter. « C'est mon karma, me dit-il. Je ne regrette pas. De toute façon, je n'ai jamais utilisé la violence. J'avais besoin de passeports pour mes affaires, je me les procurais en endormant les gens avec un somnifère. » Il se dit intéressé par la philosophie et par l'écriture : « Je suis un écrivain. J'ai toujours su que je serais écrivain. Mais je ne regrette pas mon passé. Je ne pourrais pas écrire si je n'avais pas vécu tout ça. Je suis célèbre, c'est le principal. Quelle que soit la manière, seul le résultat compte. » Quand je lui demande quels sont ses écrivains préférés, il me donne le nom de ses biographes...

Georges reviendra sur le devant de la scène grâce à son évasion spectaculaire des quartiers de haute sécurité de la prison de Tihar Jail, à Delhi, en droguant ses gardiens avec un gâteau à la crème anglaise qu'il leur avait offert pour son anniversaire. Pendant trois semaines, jusqu'à sa capture, on assistera à un véritable délire de la presse indienne. « Je me suis échappé parce que je m'ennuyais », déclarera-t-il simplement. Dix ans plus tard, Georges ayant purgé sa peine en Inde, il sera libéré.

Tout au long de cette histoire, Georges a montré sa parfaite maîtrise de la manipulation, alternant auto-analyse, remords, mégalomanie, mythomanie, mysticisme. Sa plaidoirie a été efficace puisqu'il a été acquitté de tous ses crimes en Inde. La presse, en alimentant sa mégalomanie, lui a offert un miroir grâce auquel il a pu exister, peuplant le vide imaginaire qui était à l'origine de ses passages à l'acte. En tuant, il a trouvé une solution expéditive à ses problèmes d'identité. Mais il ne s'est pas seulement glissé dans la peau de ses victimes occidentales : il s'inscrit aussi dans le mythe des Thugs[1], y retrouvant inconsciemment une filiation qui marque sa qualité d'Oriental. Il est devenu le fils de son père, d'origine indienne, et le dernier

1. *Cf.* M. Van Woerkens, *Le Voyageur étranglé*, Paris, Albin Michel, 1995.

descendant de cette prétendue caste de tueurs en série.

Sans le terreau indien, Georges n'aurait peut-être été qu'un simple psychopathe. Il est entré dans la légende de la route des Indes, lieu d'initiation, mais aussi de régression, et son histoire fait résonner en nous des peurs infantiles d'enlèvement et d'empoisonnement. Comme quoi, il faut toujours se méfier des inconnus et ne jamais accepter les bonbons qu'ils proposent...

Alors ? L'Inde ne serait-elle qu'un immense hôpital plein de psychotiques cherchant un sens à leur vie — à la vie ? Des cohortes d'Occidentaux mystiques, délirants chroniques, se bousculent-ils vraiment dans les halls des aéroports à Bombay, à Delhi, à Madras ? En fait, seule une minorité de voyageurs décompensent bruyamment. La plupart, comme nous le verrons, se contentent d'un petit vacillement d'identité qui, cependant, ébranle pour longtemps leurs certitudes.

## CHAPITRE II

# Du choc culturel à l'épreuve de l'Inde

L'Inde peut rendre « fous » les Occidentaux. Je l'ai constaté en m'occupant de jeunes adultes qui, bien que parfois fragilisés par des événements récents — deuil, séparation, perte d'emploi —, ne présentaient *aucun* trouble mental au départ de leur pays, mais qui, une fois en Inde, se mettaient à souffrir d'une pathologie psychiatrique, comme si ce voyage, dont c'était pour certains le premier, avait joué le rôle de facteur déclenchant.

L'Inde semble en effet agir comme un révélateur — au sens photographique du terme —, accentuant les symptômes au point, quelquefois, de briser le sujet selon la faille de son « cristal intime ». En caricaturant, les personnes ayant des tendances dépressives s'enfonceront dans un mutisme mélancolique ou, au contraire, feront appel à des modes de défense maniaques ou hypomaniaques. Les individus ayant des traits de personnalité pathologiques (psychopathes ou pervers, par exemple) s'épanouiront ou, au contraire, deviendront des zombis sur la terre indienne. D'autres, quelquefois des états limites[1], mais le plus souvent de simples névrosés, pourront décompenser sur un mode délirant.

### *La solution délirante*

Contrairement à ce qu'on enseigne aujourd'hui aux étudiants, et comme le faisaient remarquer les anciens, tout délire n'est pas nécessairement psychotique. Bien sûr, il faut toujours s'interroger sur la « structure » psychologique sous-jacente — névrotique ou psychotique — du patient, mais ce n'est pas une raison pour poser un diagnostic définitif, le délire n'étant souvent, en particulier chez les jeunes, qu'une période de crise[2]. Cette solution momentanément délirante est un mécanisme de défense qui annule l'épreuve de réalité sans attaquer, comme c'est le cas dans la psychose, le fonctionnement psychique du sujet. Elle permet par exemple d'éviter un effondrement mélancolique. C'est pourquoi l'expression « bouffée délirante aiguë », proposée classiquement dans la littérature psychiatrique française, est plus intéressante que la notion de schizophrénie, utilisée systéma-

1. En psychiatrie, on appelle états limites des personnes à la frontière de la névrose et de la psychose.

2. D. Marcelli, « Bouffées délirantes aiguës de l'adolescence : manifestations thymiques ou symptômes psychotiques ? », *Nervure*, X, 8, 1997.

tiquement par les Anglo-Saxons dès les premiers symptômes et qui préjuge d'un pronostic plus sombre et sans appel. Malheureusement, c'est ce dernier modèle qui tend à s'imposer dans le monde entier.

À terme, nous risquons, sauf à être extrêmement discrets, de ne plus avoir le « droit au délire » sans que nous soit apposée, dès que nous utilisons nos potentialités psychotiques, l'étiquette « psychose ». Je pense non seulement aux adolescents qui explorent facilement ces territoires, mais aussi aux femmes qui viennent d'accoucher. En effet, on constate fréquemment dans les maternités la « remontée » de fantasmes archaïques, d'idées atypiques, étranges, qui affleurent dans les jours qui suivent la naissance. Les sages-femmes appellent alors en catastrophe le psychiatre et mettent en avant le spectre toujours possible de la psychose puerpérale — la psychose de l'accouchement — et du risque d'un passage à l'acte sur le bébé. Une simple écoute, attentive et bienveillante, suffit le plus souvent pour que les choses rentrent dans l'ordre. Dans ces périodes de bouleversement de l'intime, chaque personne est traversée non seulement par sa propre histoire, personnelle et familiale, mais aussi par l'éternelle question de la vie et de la mort. Ce sont des moments riches qu'il serait dommage de ne pas explorer et qu'il est intéressant d'accompagner. « À chaque étape de l'existence, nous rappelle Catherine Bergeret-Amselek, nous traversons ces états de régression nécessaires, curatifs, urgents à vivre, pour en sortir mûris, ils constituent les crises existentielles et parfois ces crises nous mettent en péril, tant ces régressions narcissiques nous font côtoyer des états psychotiques transitoires denses à contenir[1]. »

En Inde, il est classique d'utiliser ces moments psychiques particuliers pour atteindre un stade plus élevé de conscience et chacun peut prendre le chemin qui lui convient. C'est ce que l'on appelle la *bhakti*, le mysticisme dévotionnel extatique[2]. On peut donc délirer dans ce pays sans trop se faire remarquer et, en quelque sorte, « essayer sa folie ». Comme dans d'autres cultures, il existe même un certain respect pour le fou, le *pagal*, le « possédé des dieux ». Tant qu'ils ne troublaient pas l'ordre public, les Indiens ont toujours laissé tranquilles les délirants — du moins jusqu'à une époque récente. « Dans les années 1970, me disait un "ancien", on avait le droit de déjanter à sa guise et sans risque de se faire agresser. Ce n'est plus le cas dans les lieux touristiques comme Goa, où des gangs profitent de la fragilité des voyageurs, en particulier des femmes. »

Un jeune homme avait décidé, après avoir

1. C. Bergeret-Amselek, *Le Mystère des mères*, Paris, Desclée de Brouwer, 1998.

2. La *bhakti* serait néanmoins en voie de disparition. *Cf.* C. Clément, S. Kakar, *La Folle et le Saint*, Paris, Seuil, 1993, p. 189-190.

réussi ses études, de faire une pause. Il partit en Inde. Quelques semaines après son arrivée, il eut soudain l'impression que deux mondes incompatibles, l'un occidental, l'autre oriental, existaient en lui. Il fallait choisir : ce fut le monde indien. Notre jeune homme se débarrassa de ses papiers d'identité en les jetant à la mer, erra quelque temps, puis fut recueilli dans une communauté religieuse. Au bout d'un an, le son d'une cloche le « réveilla » brutalement. Il se demanda ce qu'il faisait là, se ressaisit et rentra immédiatement en France. Il poursuit depuis une brillante carrière.

### *Mother India*

L'expérience indienne invite à une exploration de l'originaire. Elle réactive la part la plus archaïque de la pensée qui est à la source même des processus de symbolisation. Ainsi, l'Inde interroge en nous la toute petite enfance, en particulier chez les adolescents, dont on connaît l'étrange parenté avec cette époque de la vie. Elle en fait résonner l'harmonique et réveille d'anciennes angoisses : fantasmes de dévoration, de morcellement et d'anéantissement, mais aussi d'enfouissement. En Inde, on vit nu, ou presque. On a l'impression d'être dans une espèce de bulle, de poche humide et chaude, atemporelle, où même la communication est censée se faire « par vibrations ». Ce fantasme originel de retour à l'utérus maternel[1] semble hanter tous les Indiens qui ne visent qu'à une chose : à la fin de leur vie, atteindre le *nirvana*, la fusion primitive avec le « grand tout », et se dissoudre, telle une « poupée de sel », dans l'océan, pour ne faire qu'un avec l'Univers.

La dimension régressive de l'Inde entretient le voyageur dans un sentiment de toute-puissance. Il retrouve le confort du narcissisme primaire infantile et l'omnipotence qui lui est attribuée. Ce retour inconscient momentané à un stade précoce d'indifférenciations Moi/non-Moi où le bébé et la mère ne font qu'un, donne l'impression que tout devient possible. De là à se prendre pour un surhomme et à prétendre à l'immortalité, il n'y a qu'un pas.

## *Un désir d'éternité*

Le sentiment d'éternité peut mener à se croire un élu de Dieu, quand ce n'est pas Dieu lui-même. J'ai ainsi rapatrié, il y a quelques années, un ingénieur de vingt-cinq ans qui effectuait en Inde son service national. Il s'était brusquement senti en transe et investi d'une mission évangélique. Sa femme et son bébé m'accompagnèrent, après un déménagement précipité, dans ce périple qui se prolongea puisque notre avion fut

1. A. Barbier, *Les Fantasmes originaires*, Toulouse, Privat, 1986.

dévié sur Singapour. L'état du patient, à un moment inquiété par cet étrange itinéraire, s'améliora dès son arrivée à Paris. L'année suivante, après une brève période dépressive, il retourna en Inde avec toute sa famille poursuivre son travail et finir sa thèse.

On retrouve le même type de délire à Jérusalem. Ce fameux syndrome touche touristes et pèlerins qui, soudainement submergés par un enthousiasme mystique, se prennent pour Jésus, Marie, ou l'un des apôtres. Durant ces épisodes, ils oublient leur nom ou égarent leurs papiers d'identité, compliquant ainsi un rapatriement qui semble être le seul traitement efficace. De retour chez eux, ils n'en gardent pas un mauvais souvenir. Bien au contraire. Certains pensent avoir traversé un moment extraordinaire. D'autres ont l'impression d'avoir perdu le contrôle, et d'avoir vécu une sorte d'ivresse[1]. Ainsi, on a rapatrié une jeune femme de vingt-six ans qui, après être entrée dans une synagogue, avait soudain déclaré qu'elle était le Messie et qu'elle allait sauver le monde. Juive d'origine, elle n'était pas croyante et venait en Israël en tant que simple touriste. Elle disait avoir reçu dès son arrivée un « éclat de grâce ». Elle a tout d'abord pensé que l'aéroport avait été transformé en paradis avec des tombereaux de rubis et qu'elle était devenue la princesse de Jérusalem. Puis, à la synagogue,

1. *Cf.* D. Godrège, « Le syndrome de Jérusalem », *Nouvelles Clefs*, 8, 1995-1996.

elle a cru que le jour du Jugement dernier était arrivé et qu'elle allait mourir fusillée. De retour en France, elle n'a pas été hospitalisée, vu la disparition des troubles.

Cette « déconnexion psychique » semble plus facilement se produire dans certains endroits chargés de sens par l'histoire et la culture dont la personne est issue, où soudain fantasme et réalité se rejoignent. Une exaltation démesurée, un charme totalement irrationnel s'emparent alors d'elle.

En Inde, l'apparition des troubles délirants paraît plus « indienne », moins brutale. Par contre, le choc de la rencontre avec le mythe indien produit toujours ses effets. Je me souviens de missions que je faisais il y a quelques années comme expert consultant du gouvernement français auprès d'associations humanitaires. Certains groupes étaient composés d'adolescents qui se rendaient en Inde pour dix jours après avoir travaillé toute l'année scolaire sur des projets d'aide au développement. Ils venaient vérifier sur le terrain l'effet de leur action bénévole. Ma femme, qui nous accompagnait et ne cachait pas son scepticisme à l'égard de mes théories sur l'effet pathogène du voyage en Inde, dut se rendre à l'évidence et reconnaître que je n'exagérais pas : dès l'arrivée, quelques-uns s'écroulèrent choqués. En majorité, cependant, ils furent exaltés par ce pays et s'enflammèrent pour leur juste cause. Il y eut néanmoins des comportements étranges, comme celui de cette jeune fille qui courait dans les rues pour embrasser les vaches. Certains voulurent se dissoudre, se laisser absorber. Ainsi Anaïs, dix-huit ans, raconta à son retour : « J'avais envie de faire partie de ce peuple, de me fondre dans la masse, de me mettre du fond de teint et rien que pour un instant, de devenir un enfant indien[1]... » Le soir, ces jeunes venaient les uns après les autres dans notre chambre pour nous confier leurs angoisses. Certains n'ont pas pu surmonter cet état et, malgré les moments d'échanges que nous organisions, sont restés cloîtrés le reste du voyage.

### *Chantal et l'épreuve de l'Inde*

Un dimanche, je suis appelé pour venir examiner Chantal, vingt-deux ans, qui présente un épisode délirant apparu brutalement une semaine auparavant. Elle a été raccompagnée en urgence de Goa par l'amie avec laquelle elle voyage depuis plusieurs mois en Inde. En effet, la jeune femme a failli se noyer en voulant rejoindre ses parents en France à la nage... Il a fallu aller la rechercher avec un bateau de pêche. Chantal se sentait persécutée par les Indiens, avait l'impression qu'on lui volait sa pensée, et était persuadée d'avoir une mission à accomplir en Inde.

---

1. *J'ai quinze ans et je ne veux pas qu'ils meurent*, Paris, ACIAD, 1987.

Dans sa chambre d'hôtel, elle est sur le lit, la tête sous l'oreiller. Elle refuse de me dire bonjour et de répondre à mes questions. L'instant d'après, elle se lève brusquement, part se réfugier dans la salle de bains, puis se dirige en courant vers le balcon, et revient tout aussi subitement se recoucher. Entre deux pleurs, des sourires illuminent son visage. Il m'est difficile d'apprécier la confusion ou d'éventuelles idées suicidaires. Parfois perplexe, elle demande ce qui lui arrive. Elle présente visiblement des hallucinations auditives qui captent totalement son attention. Chantal ne se nourrit plus, ne veut pas se laver et, insomniaque, chante toute la nuit. Son comportement est étrange : elle appelle en effet sa mère en gémissant, une tétine de bébé dans la bouche.

Je lui prescris des neuroleptiques : une infirmière restera en permanence avec elle. Quelques heures après, Chantal casse tout dans la chambre d'hôtel : verres, rideaux, téléphone. Je décide alors de la faire hospitaliser en attendant son rapatriement sanitaire.

Les deux jours suivants, rien ne change : Chantal est mutique, agitée, refuse traitement et nourriture. Les médecins envisagent des perfusions, car elle est amaigrie, déshydratée, avec une tension artérielle basse. Elle s'interroge toujours : « Qu'est-ce qui se passe ? Je ne veux pas rester ici. » Elle semble contente quand je lui apprends qu'elle sera bientôt rapatriée en France.

La veille du départ, l'amélioration est spectaculaire. Chantal est calme, non confuse. Elle parle facilement de tout et de rien, n'exprime plus d'idées délirantes. Mais le lendemain, je note de nouveau des sourires immotivés et des barrages (c'est-à-dire des troubles du cours de la pensée qui s'expriment par l'interruption brutale du discours au milieu d'une phrase). Elle ne parle pas, me prend la main et se caresse le visage.

Le soir, elle tente de fuguer de l'hôpital, puis se calme et me suit à l'aéroport, un sourire figé aux lèvres. Elle ne dira rien dans l'avion et se blottira parfois contre moi en souriant.

Arrivée à Roissy, Chantal s'inquiète pour ses valises et s'exprime soudain clairement : « Que s'est-il passé ? J'ai dû tomber sur la tête. » Elle accepte traitement et petit déjeuner. Nous allons prendre une correspondance, car elle habite en province chez ses parents. Elle est de nouveau silencieuse, puis soudain se met à chanter à tue-tête dans le hall de l'aéroport. Je la menace alors d'un traitement injectable, car je commence à être épuisé et j'ai toujours peur qu'une hôtesse trop zélée nous interdise l'accès à bord. Elle se calme, mais « boude » le reste du temps. Après l'atterrissage, elle change à nouveau de comportement : elle me parle comme si nous étions de vieux amis et, joyeuse, fait des commentaires sur sa ville. À l'hôpital, où l'attend sa famille, elle ne présente plus aucun trouble. Le psychiatre diffère donc l'hospitalisation. Quand on la voit plaisanter avec les siens, on a du mal à imaginer l'état dans lequel était cette jeune femme quelques heures auparavant. Je suis content que sa mère ait eu Chantal au téléphone quand elle était en plein délire : bien que j'aie l'habitude de ce genre d'amélioration lors des rapatriements, j'ai soudain des doutes et, tout en m'effondrant, épuisé, dans ma chambre d'hôtel, je me demande si je n'ai pas rêvé.

De retour en Inde, j'ai eu de ses nouvelles à plusieurs reprises. Suivie quelques semaines en consultation par un psychiatre, elle arrêtera d'elle-même la prise en charge. Au cours de l'été, Chantal fera une petite rechute dépressive et sera traitée en ambulatoire. Depuis, elle va bien, mais ne comprend toujours pas ce qui a pu lui arriver...

## *Le choc de l'Inde*

Plus qu'ailleurs, le voyageur est soumis, lors de son arrivée en Inde, à un choc culturel qui semble obéir à la loi du « tout ou rien » : c'est la séduction ou la répulsion, car, dit-on, on ne frappe pas à la porte de l'Inde : on est aspiré ou rejeté. Chacun réagit selon sa personnalité et ses mécanismes de défense. L'anxiété est le témoin de cette désorganisation qui se produit en nous chaque fois que nous sommes confrontés à une situation nouvelle. Cela peut aller de la simple angoisse à l'attaque de panique, d'un sentiment de bien-être à une excitation maniaque, mais aussi passer par tous les stades de la déréalisation. « La déréalisation [...] peut facilement survenir chez une personne normale, c'est une simple faille du fonctionnement mental, une partie de la réalité devient étrangère à sa propre personne. Alors que la dépersonnalisation correspond à une partie du moi qui devient étrangère à soi-même ; c'est un doute de conscience [...][1]. » Je me rappelle ainsi d'un groupe de touristes sidérés qui ne voulaient pas sortir de l'aéroport.

Ce vertige que l'on ressent face à « cette réalité autre » peut faire vaciller certaines personnalités. Cette société est déroutante pour un Occidental. « Elle ne souffre aucune comparaison avec les hommes que nous avons l'habitude de côtoyer, avec leurs pensées, leurs conditions de vie, leurs échelles de valeur[2]. » Plongés sans repère dans un tourbillon de misère, de surpopulation, d'images et de dieux inconnus, on n'y comprend plus rien. Ces moments d'angoisse intense se teintent parfois de somatisations (plaintes corporelles) ou de sitiophobie (peur d'attraper une maladie). D'autres personnes peuvent présenter un état d'euphorie avec un

1. J. Bergeret, « Relations entre déréalisation, dépersonnalisation et délire », *in* J. Bergeret et *al.*, *Abrégé de psychologie pathologique*, Paris, Masson, 1972, p. 176.

2. F. Marion, *Les Routards des Indes. Itinéraire au-delà des drogues*, Paris, Éditions du Cerf, 1980, p. 13.

sentiment de toute-puissance, ou au contraire un tableau dépressif avec idées de ruine.

Il n'est pas rare que l'exaltation vous saisisse quand vous posez le pied sur le sol indien. On éprouve alors fréquemment un sentiment de déjà-vu (et de « retour ») — « J'ai dû vivre ici dans une vie antérieure »; « Me revoici chez moi » — à laquelle s'associe une impression de liberté absolue. « Ici, tout est possible... la vie, ma vie m'appartient... je me sens enfin vraiment vivre... » Il suffit de lire la rubrique « Les Français de l'Inde témoignent » dans le journal de l'ambassade de l'Inde à Paris pour retrouver l'éventail de toutes ces émotions. « Je foulais pour la première fois le sol de l'Inde, écrit une femme. En sortant de l'avion, l'émotion m'envahissant était si forte que je me baissais pour embrasser la terre [...] C'était comme un instant intime de connivence avec l'invisible. J'avais retrouvé "ma terre" et je le sus dans l'instant[1]. »

Mais tout peut aussi basculer avec une rapidité foudroyante. L'instant d'avant, on allait parfaitement bien; une minute plus tard, on a plongé dans l'angoisse la plus totale. On n'a plus alors qu'une obsession : fuir. « Qu'est-ce que je viens faire ici ? Il faut que je reparte de suite, tout est laid et bruyant », me confiait un voyageur qui arrivait à Bombay. Tout agresse : la foule, la moiteur ambiante, les bruits et les odeurs. Un seul but : s'engouffrer dans un taxi jaune et noir,

1. *Nouvelles de l'Inde*, n° 317, juillet-août 1998.

et foncer se réfugier dans un hôtel du centre-ville. Dehors, dans la nuit, l'atmosphère est apocalyptique : des feux sur les bas-côtés de la route dégagent une épaisse fumée évoquant un bombardement, des gens défilent, des vélos, des pneus, des travaux et encore des travaux, les tuyaux énormes des égouts de Bombay et, dessus, des dizaines d'enfants accroupis. Ouvrir la fenêtre : ça pue ; la fermer : on étouffe ; parler au chauffeur de taxi : « No speak english... Sida, sida » (« C'est tout droit, tout droit », en hindi). Et à chaque arrêt, des bruits sourds, étouffés, furtifs, des regards inquisiteurs, une femme aux yeux humides tient dans ses bras un bébé cachexique, un travesti en sari vous menace d'un sort si vous ne lui donnez pas dix roupies...

Je m'amusais à chaque retour de rapatriement à me laisser submerger par toutes ces impressions contradictoires qui, le décalage horaire et la fatigue du voyage aidant, prenaient parfois des allures cocasses : je m'interrogeais, par exemple, tout le long du trajet qui mène de l'aéroport au centre-ville de Bombay, en cette période de mousson, sur tous ces ramasseurs d'escargots accroupis sous leur parapluie noir, avec un petit seau blanc à la main, alors qu'il s'agissait tout simplement de la séance de défécation collective du petit matin au bord de la route. Ainsi Allen Ginsberg, dans ses *Journaux indiens*[1], pensait

1. A. Ginsberg, *Journaux indiens (mars 1962-mai 1963)*, Paris, UGE, coll. « 10/18 », 1995.

avoir découvert le marché du Vomi à Calcutta. Il avait l'excuse d'avoir bu du *bhang lassi* (yaourt, plus haschich) et pensait que les mendiants, contre quelques pièces, venaient y acheter du vomi humain pour se nourrir.

Mais pas besoin de prendre du haschich pour provoquer ces moments de déréalisation. Il suffit de laisser vagabonder son imaginaire, ce qui est peut-être plus facile dans ce pays que partout ailleurs dans le monde. On est surpris par l'inventivité des réflexions des Occidentaux à propos de l'Inde. Il y en aurait des milliers, toutes différentes. Chacun projette ses intérêts et sa propre vision du monde. « Les enfants sont dans la rue à l'heure scolaire », me dit un jour un enseignant scandalisé. Ou alors, on se fixe tout le reste du voyage sur des détails sans intérêt : « Il n'y a pas de papier dans les toilettes. » Si nous avons nos propres rationalisations face à ce monde étrange où rien ne fait signe, les Indiens ont eux aussi, de leur côté, des rationalisations parfois cocasses, comme cet homme rencontré dans la rue qui était convaincu qu'en Europe l'on mangeait avec une fourchette « parce qu'il y fait froid et que ce n'est pas pratique de manger avec les doigts quand on a des gants ».

Ce sentiment de déréalisation que rapporte Freud quand il parcourt l'Acropole, de simple vacillement de l'intime peut être angoissant si l'on refuse de se laisser porter par la sensation de vertige. Le « perdre pied » peut provoquer des réactions de panique face à cette nouvelle situation que nous n'avions pas envisagée. Le choc de l'imprévu (et l'Inde est le pays des imprévus) est à chaque fois différent. Le mieux à faire est alors de s'abandonner, comme on s'abandonne dans l'amour. On est *ravi* par l'Inde. Une longue histoire d'amour commence alors, car ce pays est à la hauteur du fantasme, de tous les fantasmes.

L'Occidental n'est pas « vacciné » contre ce choc culturel et si la première fois il est peut-être plus violent que les fois suivantes, la rencontre ou les retrouvailles avec « le monde indien » produit toujours son effet. On ne passe pas impunément et en quelques heures d'un univers cloisonné, propret, aseptisé, au chaos d'une ville de douze ou quinze millions d'habitants comme Calcutta ou Bombay. Et bien que le souvenir de l'Inde reste présent en nous pendant des années, le retour dans « ce pays pas comme les autres » déclenche à chaque fois une sorte de cataclysme affectif. En Inde, la vie est à l'état pur. « Là-bas, me disait une jeune femme, à tous les coins de rue la vie te pète à la tête. »

Récemment, des amis dont c'était pourtant le cinquième voyage en Inde, et dont tout laissait croire qu'ils étaient « vaccinés », sont venus me confier, au retour d'une mission humanitaire dans le Tamil-Nadu, leurs impressions avant que tout ne s'efface, ne laissant qu'un souvenir vaporeux, onirique, de cette expérience. Ils me parlent tout d'abord de l'amie qui les accompagnait et dont c'était le premier voyage en Inde. Ils m'avaient téléphoné depuis Madras, car elle avait été hospitalisée là-bas quelques jours après son arrivée suite à des troubles liés à une dysenterie. « Elle va mal, se gratte la gorge tout le temps, a des taches sur la peau, des taches noires arrivées d'un coup. La lèpre ? » Mais surtout, me disent-ils, elle « a ramassé un truc là-bas, psychiquement je veux dire ».

Ils évoquent aussi leurs rencontres avec des Occidentaux « complètement perdus, en fin de route et qui continuent », ou d'autres qui s'occupent d'œuvres utopiques, comme cette personne qui accueille des enfants abandonnés : orphelins, polios, lépreux, handicapés, prostitués, enfants esclaves... Ils me disent avoir vécu des « bouffées émotionnelles énormes face à ces enfants qui te regardent dans les yeux. C'était comme s'ils n'avaient pas vu d'Occidentaux depuis Magellan. On avait l'impression qu'ils se multipliaient toutes les minutes. C'étaient *Les Oiseaux* de Hitchcock, sauf que, à la place des oiseaux, il y avait des enfants. Là, j'avoue que j'en ai eu plein la tête, d'une Inde aussi terrifiante, car l'Inde c'est l'extrême limite : du jour au lendemain, tu es projeté dans un monde illogique. Et tes forces s'usent. Tu perds je ne sais combien de litres d'eau, tu as tout le temps peur d'attraper une cochonnerie. Des fois, ça pue trop. Et il faut manger, sous un soleil de plomb et dans la gadoue. On ne savait plus quoi bouffer, des bananes peut-être, des bananes et de l'eau en bouteille. Je me souviendrai toujours de cette femme lépreuse sans bouche qui riait aux éclats».

Ces impressions contradictoires, ces sentiments opposés qui cohabitent à la minute et vous «remuent les émotions», c'est ça l'Inde. Voir sortir de la boue, dans le pire des bidonvilles, un homme vêtu de blanc, d'un blanc immaculé, là où en cinq minutes on serait noir de la tête aux pieds, c'est ça l'Inde : la pureté qui pousse sur l'abject. La vie, la mort juxtaposées. On est soudain envahi par des émotions intenses qui nous submergent, nous inondent : de simples scènes de la vie rurale, une démarche, une gestuelle, une femme qui remet son sari ou qui embrasse son enfant. Ce moment-mouvement est empreint d'éternité et semble venir de la nuit des temps. Car en Inde, comme dit Malraux, «tout geste est rituel et toute parole incantation». La minute d'après, cependant, on peut basculer dans l'horreur, l'insupportable, l'insoutenable. C'est la même chose au niveau relationnel. On passe d'un état de grâce (tout le monde est gentil, attentionné, tranquille) à des énervements incroyables pour rien (par exemple, à l'hôtel, un verre d'eau que l'on attend pendant des heures).

Cette hypersensibilité est accentuée par les problèmes physiologiques dus à la chaleur, comme la déshydratation ou la perte de sels minéraux. Il suffisait parfois que je prescrive des sels minéraux indiens (Electral) à des patients pour que leur anxiété, leur fébrilité tombe d'un coup. Il ne faut pas négliger le rôle d'une alimentation chaotique. De nombreux touristes se contentent en effet de bananes, de thé et d'eau minérale. Sans oublier les problèmes classiques intestinaux, auxquels peuvent encore s'ajouter d'autres pathologies tropicales. « Les intestins, ça vous travaille aussi la tronche », me disait une patiente qui craquait.

Par ailleurs, même si on est confronté à des choses très fortes, on reste la plupart du temps à la surface, car on n'a pas les clés de cette culture : et même la langue ne nous « parle » pas. On peut ainsi y mettre toutes nos projections. C'est comme si l'on contemplait un tableau et que soudain on se faisait happer, on basculait dans le réel de cette représentation. Certains passent au travers du miroir et s'immergent dans cette réalité indienne. Cela ne les laisse pas indifférents, bien au contraire, et peut déclencher angoisse et culpabilité.

## *Christine, ou le refus de l'Inde*

Christine, trente-trois ans, vient me consulter au cours de l'été pour être rapatriée le plus vite possible : elle craque nerveusement et ne veut plus rester dans cet « affreux pays » où elle est venue avec des amies. Elle est croyante et a profité des vacances pour travailler dans un centre catholique d'aide aux orphelins à Bombay après un court séjour chez mère Térésa à Calcutta.

Elle évoque dès le premier entretien, d'une voix monocorde ponctuée de sanglots, ses problèmes de jeunesse, car elle-même est orpheline. Dépressive depuis son arrivée en Inde, elle est dans une fuite en avant permanente, ne mange rien et ne dort plus depuis plusieurs jours. Elle semble épuisée et se néglige physiquement. Christine n'a pourtant pas d'antécédent psychiatrique et n'a pris aucun toxique.

Parfois, elle s'énerve et accuse ses amies de la laisser tomber, de ne pas la comprendre. Son agressivité se retourne soudain contre moi et Christine part sans dire au revoir. Elle vient cependant au rendez-vous que je lui ai fixé le lendemain, mais me quitte de nouveau brutalement.

Deux jours plus tard, elle m'offre des fleurs et me tend une lettre où elle s'excuse de son comportement de la veille. « J'avais envie de hurler, de dire tout ce qui me pèse, écrit-elle. Je ne suis plus rien. Je vous en supplie, aidez-moi à tout vous raconter. Je n'en peux plus. » Pendant l'entretien, elle revient sur son enfance. Élevée par une femme qu'elle a quittée à dix-huit ans, elle ne connaît pas son père et sa mère est à l'hospice. Elle dénigre ensuite ses amies qui me disent la supporter dans cet état depuis son arrivée.

L'après-midi, le patron de l'hôtel me téléphone. Il m'informe que Christine a pris des médicaments pour se suicider et qu'il l'emmène à l'hôpital. Je les rejoins une demi-heure plus tard aux urgences, avec des amis qui viennent d'arriver de l'aéroport.

Christine est assise sur une chaise, l'air abattu. Seul le souffle du ventilateur lui donne un peu de vie. Elle ne nous répond pas et semble perdue dans de sombres pensées.

Pendant ce temps, le médecin nous explique très calmement — à l'indienne — qu'il ne peut pas prendre en charge des patients suicidaires et qu'il faut aller voir la police. Je ne comprends pas son attitude et la patiente commence à piquer du nez : elle a tout de même ingurgité plusieurs tubes d'anxiolytiques, volés à ses amies ! Je fais donc semblant de partir en faisant appel à son éthique médicale et la laisse sous sa responsabilité. Je reviens néanmoins quelques minutes plus tard en espérant que tout est rentré dans l'ordre. Le médecin est derrière son bureau, stéthoscope sur l'épaule, mais je ne vois plus Christine. Il plaisante avec une jeune infirmière quand soudain il nous aperçoit. Il me dit alors nonchalamment : « Votre patiente est folle, elle m'a demandé le reste des comprimés, les a tous avalés devant moi et est partie en courant en disant qu'elle allait se jeter sous une voiture », puis continue sa conversation. Nous partons vérifier ses propos.

Dehors, la chaleur nous suffoque. Cette route est l'axe principal de Bombay et la circulation y est intense. Le trafic est interrompu. Christine est allongée sur le bitume, les bras en croix, sous le regard de centaines d'Indiens en équilibre instable sur leurs vélos. Impassibles, les yeux ronds, ils semblent s'interroger sur les mœurs si étranges de ces Occidentaux. Certains en profitent pour allumer leur *bidi*, cette petite cigarette conique roulée dans une feuille d'eucalyptus.

Nous relevons Christine qui nous suit en sanglotant. Un chauffeur de taxi moustachu profite de l'aubaine, un grand sourire aux lèvres. « Taxi, sir ? » Nous repartons vers un autre hôpital. Je n'y parle pas de tentative de suicide, mais d'une erreur de posologie, d'une intoxication accidentelle. Le personnel s'agite et un lavage gastrique est pratiqué.

Cependant, les médecins viennent me voir peu après. Christine leur a parlé de sa volonté de mourir. Ils ne peuvent pas la garder. J'apprends qu'en Inde, comme en Angleterre jusqu'en 1963, le suicide est un délit. Il faut donc, dans un premier temps, aller faire une déclaration à la police. Mais j'ai aussi, me suggère-t-on, la possibilité de la ramener à mon domicile, car elle est hors de danger. J'opte pour cette solution, Christine ayant l'air de s'être calmée. Nous revoilà partis dans les embouteillages pour rejoindre mon petit bungalow à l'autre bout de Malabar Hill. Nous passons les fameuses Tours du Silence où les Parsis, comme le veut leur religion, donnent leurs morts en pâture aux vautours, puis nous arrivons chez moi, en bordure de mer. J'esquive l'invitation de mon voisin et propriétaire, et ses éternelles questions du type : « Chez vous, est-ce un hôtel ou un hôpital ? » Mais Christine ne perd pas son temps, elle a découvert le passage secret entre ma chambre et son jardin. La voilà dans sa salle à manger où il l'accueille avec son gros cigare : « Welcome. » Je la rattrape au vol et la ramène à la maison.

Malgré notre patience, les choses ne s'arrangent pas. Elle commence à s'agiter, va chercher un couteau dans la cuisine et finit (désarmée par mon invité) par s'enfoncer une aiguille à couture dans le bras. Mes amis maintiennent Christine au sol pendant que je lui fais une injection intramusculaire d'un puissant sédatif.

La soirée se passe bien, hormis le voisin qui revient à la charge et qui, tout en renouvelant son invitation, jette un regard inquisiteur dans la pièce principale. Christine ronfle dans son lit à baldaquin, moustiquaire oblige, son pouce dans la bouche.

Le lendemain, elle s'est calmée, mais je l'accompagne, cette fois seul, car mes amis, dont c'est le premier voyage en Inde, sont partis dès la première heure, évitant ainsi un nouveau choc culturel. J'ai l'adresse d'une clinique psychiatrique dans les faubourgs de Bombay où je fais hospitaliser Christine, car je ne veux pas recommencer l'expérience de la veille.

Dans sa chambre d'hôpital, elle est calme, ne parle plus de suicide et, le regard perdu dans le vague, joue avec une poupée sur son lit. Tout en lui caressant les cheveux, elle lui parle à voix basse.

Je réussis à faire avancer son retour pour le soir même. Elle ne rentrera pas seule. Une Française l'accompagnera. À Paris, un ami l'attendra qui la fera hospitaliser si nécessaire. Mais vu l'absence de troubles à l'arrivée, Christine n'a pas consulté. Elle a même arrêté d'elle-même le traitement antidépresseur débuté à Bombay.

J'ai eu rapidement de ses nouvelles. D'abord, par une de ses amies qui se déclara surprise d'avoir vu Christine, très solide jusque-là, dans un tel état de fatigue nerveuse due, selon elle, au choc du « terrible visage de l'Inde ». Christine m'écrit un mois plus tard, une longue lettre où elle essaie d'expliquer ce qui lui est arrivé. Elle me dit tout d'abord avoir fait à son retour en France d'horribles cauchemars qui la réveillaient en sursaut. Toutes les nuits, elle pleurait. « Que s'est-il passé à Bombay ? poursuit-elle. Les derniers jours, je n'étais plus moi-même, incapable de réagir. J'ai pris peur, peur de ce monde dont je ne connaissais ni la langue, ni la façon de vivre. Ne pouvant pas communiquer, j'ai été prise de panique. » Elle explique ensuite qu'elle est allée en Inde à contrecœur, car « en si peu de temps et sans connaître ni la langue, ni la culture de ces gens, on ne pouvait faire que du voyeurisme. Petit à petit, poursuit-elle, j'ai étouffé, je ne pouvais pas garder pour moi tout ce que je voyais. J'avais besoin de partager, de parler de ce que je vivais. Je revois toujours ce bébé auquel j'ai donné le biberon, j'ai eu peur de le casser, car il avait un corps de vieillard et, le lendemain, il était mort. Mais j'ai tant reçu de l'Inde que je ne pourrai jamais oublier. Dans ce monde de misère, je me suis retrouvée face à moi-même et, à travers la dureté de ce que j'ai vécu, j'ai pu tirer un trait sur ce que je vivais en France [un chagrin d'amour et beaucoup de surmenage]. Tout cela n'était qu'illusion et c'est en Inde que j'en ai perçu l'absurdité».

Pour Christine, «l'Inde ne fut pas un échec: j'ai peut-être connu un des vrais visages de ce pays et je sais que j'y reviendrai un jour».

## *De l'extase à l'angoisse*

Si le choc culturel, cette rencontre brutale avec le monde indien, peut déclencher des attaques de panique et être, chez celles et ceux qui «refusent l'Inde», à l'origine d'un retour immédiat au pays, la plupart des voyageurs passent le cap: au bout de quelques jours, ils peuvent continuer tranquillement leur voyage sans craindre les répercussions de ce psychotraumatisme de l'arrivée sur leur santé mentale.

Toutefois, lorsque le séjour en Inde se prolonge plusieurs semaines, le voyageur peut se laisser gagner insidieusement par un sentiment de dépersonnalisation. Une partie du moi devient étrangère à elle-même et semble absorbée, phagocytée par «Mother India». Il ne s'agit pas d'un choc, mais d'un affaissement progressif de nos bases mentales. Trop différent du nôtre, l'univers symbolique dans lequel nous baignons en Inde sape les soubassements de notre identité et bouleverse totalement nos repères. Lentement, nous nous enlisons dans les sables mouvants d'un doute profond, existentiel, qui porte sur notre être-au-monde, sur notre vision philosophique de la vie et de la mort. « Au bout de quelques semaines, me disait un patient, je n'avais plus aucune certitude. »

Dans le même temps où son moi se fissure, l'étranger est soumis aux sollicitations permanentes des Indiens de la rue et à leurs regards. Ils le scrutent, l'observent, le suivent, le questionnent parfois jusqu'à l'indiscrétion, commentent ses actes — ce qui n'est pas sans rappeler la nosographie psychiatrique : idées de référence, automatisme mental —, puis lui demandent pour la millième fois : « Where do you come from ? » que l'on pourrait traduire par : « De quelle planète venez-vous ? » On a alors l'impression d'être successivement la reine d'Angleterre, un extraterrestre et une bête curieuse. « You are alone ? » (« Vous êtes seul ? »), « No wife ? » (« Marié ? »), « Thank you, sir, and one question more » (« Merci, monsieur, et encore une question »), « How do you feel? Well ? » (« Comment vous sentez vous ? Bien ? »). Il leur est en effet difficile de comprendre qu'un être humain puisse se sentir bien en voyageant seul.

C'est une des explications qu'ils avancent pour expliquer les délires des Occidentaux.

Selon M. Biardeau, en Inde, l'individu ne peut exister qu'en tant que membre d'une communauté, avec ses coutumes, sa religion et sa langue. Il est pris dans son groupe, identifié à sa fonction, dont il a « hérité » à la naissance. « Il apprend de son groupe ce qu'on attend de lui et l'idéal sera pour lui de s'y conformer[1]. »

Dans cette sorte de « mentalité » qu'est l'identité indienne, un homme isolé ne peut s'intégrer. Nombreux sont les Occidentaux qui en ont fait l'expérience, car il faut être né dans une caste pour être hindou ; il est donc impossible de se convertir. Ainsi, nous ne pouvons avoir qu'un statut en marge, « hors monde », comme les sadhous, qui ont en commun avec l'Occidental « l'individualisme universaliste[2] » absent de la société hindoue. Appelés aussi renonçants, ou fakirs, les sadhous sont des moines errants qui ont quitté la vie sociale et le monde matériel pour se consacrer entièrement à une vie spirituelle. Ce sont les seuls dans la société indienne à avoir une démarche individualiste. Ils sont ainsi « hors monde », contrairement au reste de la population qui est « dans le monde » et où chacun tient son rang et sa place, avec les devoirs et

1. M. Biardeau, *L'Hindouisme. Anthropologie d'une civilisation*, Paris, Flammarion, 1981.

2. J.-L. Chambard, « L'Occident vu du monde indien », *Nouvelles de l'Inde*, n° 248, juin-juillet 1984.

les obligations propres à sa caste. On distingue quatre castes principales[1], elles-mêmes divisées en centaines de *jatis*. La caste la plus élevée est celle des *brahmanes*, les lettrés — prêtres, mais aussi ingénieurs et docteurs, au sens britannique du terme : en médecine, littérature, informatique, etc. —, puis vient celle des *kshatriyas*, les nobles, les guerriers, les politiques, puis la caste des *vaishyas*, les commerçants, et enfin celle des *shudras*, les cultivateurs et les artisans[2]. Hors castes, mais « dans le monde », se trouvent les Intouchables ou *harijans*, qui représentent 30 % de la population. Toute personne peut quitter à tout moment de l'existence sa famille, son travail et sa caste pour devenir un sadhou.

Les Européens qui sont arrivés dans les années 1960 à Goa, que les Indiens appellent encore les hippies, sont donc toujours considérés comme des étrangers par leurs voisins (même si leur enfant se nomme Ganesh, le célèbre dieu à tête d'éléphant). Un autre exemple est celui des

1. Cette vision « brahmanique » de la société indienne, admise par la plupart des indianistes comme Jean-Luc Chambard, est contestée par d'autres. Ainsi, pour Guy Deleury, les vraies castes sont en fait les *jatis* — au nombre de 4635 —, regroupées artificiellement et pour satisfaire à leurs intérêts par les brahmanes en quatre castes hiérarchisées qui sont autant de classes sociales. Je garderai cependant ce schéma brahmanique, certes réducteur, mais qui permettra au lecteur de se repérer. Voir également, en fin d'ouvrage, le « tableau des castes ».

2. Les femmes non mariées font également partie des *shudras*. Elles épouseront ensuite la caste de leur mari.

Parsis de Bombay, petite communauté perse adoratrice du feu et disciple de Zarathoustra, qui sont depuis plusieurs siècles en Inde. Ils ont également un statut à part, alors qu'ils représentent un pouvoir économique considérable (ils sont à la tête des plus grosses entreprises indiennes).

Cependant, cette place « à côté » a le mérite d'exister. On ne demande pas au nouveau venu de se plier à un mode de vie, un idéal ou une idéologie, mais de s'organiser dans son propre groupe afin de pouvoir fonctionner dans ce pays qui accepte tout le monde, toutes les idées — tous les concepts peuvent y batifoler — et toutes les religions. L'Inde est un territoire à la fois poreux et totalement étanche. L'intégration y est impossible : tout ce qu'on peut faire, c'est se juxtaposer. Pourtant, tout semble fuir, s'interpénétrer, jusqu'aux idées, jusqu'à l'intime. Dans les contacts avec les Indiens, on se sent deviné, testé, palpé intérieurement et la seule façon d'obtenir le respect de l'autre consiste à faire le calme au plus profond de soi. Cette absence de limites, cette non-résistance de l'Inde à l'envahisseur explique que le nouveau venu soit dissout, assimilé. En Inde, l'étranger n'est confronté qu'à ses propres limites.

Les missionnaires chrétiens n'ont pas eu de mal à faire admettre le Christ, qui est simplement venu s'ajouter aux dieux existants. Pourquoi remplacer tel dieu par un autre, alors qu'ils peuvent très bien cohabiter ? Une minorité de religieux ont ainsi fonctionné peu à peu à l'indienne, s'éloignant de l'orthodoxie catholique pour mieux vivre l'Évangile. Car dans quel pays le Christ pourrait-il encore vivre, si ce n'est en Inde ? Certains ont ouvert des ashrams. Dans les années 1960, le père Monchanin, un Français, est à l'origine de « la demeure de paix *(shanti)* au milieu de la forêt *(vanam)* », ou Shanti Vanam Ashram, situé dans le sud de l'Inde, aux confins du Tamil-Nadu. C'est un Anglais, le père Bede Griffiths, qui a pris la relève. Dans cet ashram, le Christ est représenté sur un lotus avec quatre visages.

Une autre particularité de l'Inde semble être sa facilité à fossiliser des moments de l'histoire de l'humanité. Ainsi, on y retrouve aussi bien des aborigènes que les premiers juifs ou chrétiens. Certains mouvements sociaux ou politiques depuis longtemps remisés dans les placards de l'histoire sont ici bien vivants. On peint encore le portrait de Staline sur les murs de certaines villes du Kerala. Il est également surprenant et exaltant de voir tous les vieux temples de l'Inde, à Maduraï, à Chidambaram dans le Tamil-Nadu, ou à Puri dans l'Orissa, fonctionner comme il y a mille ans. Il y a là de quoi faire chavirer les esprits les plus rationnels. De plus, dans certains lieux saints comme Puri et Bénarès, le haschich et l'opium sont en vente libre dans les magasins d'État, les *ganja shops*. Il est fréquent que l'on propose dans les restaurants de ces villes sacrées du yaourt au haschich, le *bhang lassi*. Surprenant ? Pas tant que cela. Il paraît que le fait d'ingurgiter ce mélange vous place sur la même longueur d'onde que les pèlerins indiens. Surtout, cela permettrait à l'Occidental de rationaliser ses sentiments de déréalisation en les mettant sur le compte de la prise de drogue. Le haschich servirait ainsi d'anxiolytique et faciliterait l'immersion du voyageur dans l'ambiance mystique et la temporalité qui lui est propre.

Sur le plan sociologique, l'Inde est un immense patchwork humain. Il suffit de regarder un billet d'une roupie pour le comprendre : « roupie » y est en effet écrit en dix-sept langues et autant d'alphabets différents (hindi, urdu, penjabi, bengali, marathi, etc.). Au-delà de ces dix-sept langues régionales reconnues par la constitution on recense quatre mille langues et dialectes, l'hindi étant la langue officielle et l'anglais la langue vernaculaire. Pourtant, où que l'on soit en Inde, on est frappé par la similitude du genre de vie et de pensée de ses habitants. Cette communauté de styles a toujours étonné les observateurs, et même les envahisseurs ont été indianisés, phagocytés par ce sous-continent qui, malgré toutes les invasions, a su préserver un sentiment « d'identité indienne » dépassant le clivage entre les peuples. Les Anglais semblent avoir résisté à cette absorption, peut-être grâce à leur mode de vie moins fusionnel avec les « indigènes » que d'autres colonisateurs. Par exemple, les Portugais repeuplaient leurs colonies par les liens du mariage[1] : les Rosario, Gonzalès, etc., sont fréquents à Goa, ancienne colonie portugaise dans le sud de l'Inde. Cette « alliance du sang[2] » est proche de « l'alliance de l'esprit » des Français dont la devise était : « Coloniser, c'est civiliser[3] » et qui imposaient leur culture, leur vision du monde et même leurs ancêtres gaulois.

Si les Indiens ont inventé les castes, les Anglais, eux, ont inventé le « club », avec ses règles, ses rituels et ses critères de sélection. Ce mode de fonctionnement leur a permis d'exister dans un système indien cloisonné en castes, sans jamais prendre « l'identité indienne ». N'ayant pu être dissous, ils ont été exclus après avoir paradoxalement contribué, grâce à leur langue, à faire l'unité de cette nation. Ils n'étaient cependant pas à l'abri de l'épreuve de l'Inde...

Dans les traités relatifs à la santé des migrants occidentaux en Inde, une large part a toujours été consacrée aux problèmes psychologiques.

---

1. F. Scheid, *Étude transculturelle à Macas*, thèse de médecine, Paris, Université René-Descartes, faculté de médecine Necker-Enfants-malades, 1988.

2. Cette idée est contestée par certains comme Guy Deleury, qui considèrent qu'il n'y a pas eu de mélange de races (tout du moins au début), mais conversion en masse des « locaux », auxquels on donnait le nom de leur « parrain » portugais.

3. J.-M. Béguet, *Un siècle de psychiatrie française en Algérie : 1830-1939*, Mémoire pour le CES de psychiatrie, Paris, 1989.

Les Anglais se sont intéressés très tôt à ce problème et ont essayé, sinon de l'expliquer, du moins d'en limiter les risques. En 1926, Sir Ronald Ross[1] prévient que « les antécédents psychiatriques familiaux ou personnels contre-indiquent formellement la vie sous les Tropiques et les troubles nerveux ou de la personnalité qui passent inaperçus dans les contrées d'origine seront accentués par le "climat" tropical (climat géographique et sociologique) ». Ross déconseille donc de s'expatrier en Inde aux personnes qui manquent de confiance en elles, aux anxieux (avec ou sans maladie physique associée) et aux personnalités trop rigides ou racistes. À ces « tempéraments incompatibles », il oppose les tempéraments « uniformes et placides » qui « s'adaptent plus facilement aux coutumes et à la vie sociale de cet étrange peuple ». De plus, différents facteurs de risque doivent être limités : l'isolement (on ne choisit pas les amis que l'on veut dans cette communauté réduite d'Occidentaux), le désœuvrement (surtout celui des femmes d'expatriés), les problèmes physiques, l'alcool, les séparations, les problèmes matériels divers et les séjours trop longs sans retourner au pays natal… Enfin, il est nécessaire selon Ross de s'intéresser aux « indigènes », de connaître leur langage pour s'adapter, mais surtout, et avant tout, d'avoir « une solide philosophie de la

1. R. Ross, *Preservation of Personal Health in Warm Climat*, Londres, 1926.

vie». Nous le voyons, pour limiter le nombre des «neurasthénies tropicales», comme il les nomme, il faut réunir des conditions idéales, ce qui nous interroge sur d'autres causes pouvant rendre compte de la fréquence de ces décompensations.

Dans ce texte, Ross constate que le déracinement met en cause les modalités d'idéal autour desquelles nous nous sommes tous constitués et l'on comprend qu'il insiste sur la nécessité d'avoir «une solide philosophie de la vie». Montherlant ne dira pas autre chose: «Seule vaut l'idée qu'on se fait de soi-même pour se soutenir sur les mers du néant[1].» Serait-ce pour ne pas se laisser happer par la lame de fond océanique? Pourtant, à l'époque, la religion chrétienne omniprésente rendait les Occidentaux moins vulnérables au doute, ce «dessaisissement de soi-même». Ce que Roger-Pol Droit appelle les «crises cartésiennes» de l'étudiant en philosophie, «ces épisodes de doute formateur [...] où l'on cherche à savoir plutôt qu'à croire, où l'on désire, surtout, mettre par soi-même à l'épreuve ce que l'on voit, autour de soi, communément tenu pour vrai [...] de telles crises sont très diverses dans leur durée [...] toutes sont, en un sens, profondes [...] elles touchent au plus intime de notre rapport au savoir[2]». Et

1. H. de Montherlant, *Service inutile*, Paris, Gallimard, coll. «Idées», 1975.

2. R.-P. Droit, *L'Oubli de l'Inde*, Paris, PUF, 1989, p. 41-42.

si, en ce qui nous concerne, les premiers pas en Inde peuvent nous ramener en enfance, il en était autrement de nos aînés campés dans leurs positions paternalistes, à l'écart de l'Inde dans leurs clubs fermés. Cependant, certains « passaient de l'autre côté du tableau », comme le rapporte la littérature de l'époque et comme le prouve le nombre de centres créés pour traiter ces neurasthénies contractées sous les Tropiques.

Lorsque nous sommes propulsés dans un milieu où les données sont radicalement autres, nous ne savons plus nous conduire, nous sommes dans un état d'égarement. Alors, nous nous protégeons : nous nous imaginons dans un cinéma géant, un vaste théâtre où tout est quasiment gratuit et où nos désirs les plus fous peuvent être réalisés sans limites. Ces mécanismes de défense sont fréquents : sentiment de « déjà vu », impression que « ces choses » n'ont pas vraiment lieu maintenant, que l'on rêve, que l'on est étranger à tout ce qui se passe autour de nous, ou plutôt que l'on n'est qu'un « spectateur ». Mais parfois le spectacle nous absorbe. Et en particulier s'il met en scène la mort.

### *Paul, ou « la dinguerie de l'Inde »*

Paul, vingt ans, part en Inde pour un voyage qui doit durer six mois. Le premier mois, tout se passe bien, puis un soir, en pleine Fête de la

Lumière, alors qu'il se trouve à Bénarès, Paul se met brutalement à délirer : il croit que tout le monde l'appelle Kali et entend ses rêves. Rapatrié en France, il donne l'impression de s'être ressaisi et n'est donc pas immédiatement hospitalisé. Mais dès qu'il arrive chez lui, ses idées délirantes reprennent sur un mode mystique et persécutif qui inquiète sa famille. Cette fois, c'est l'hôpital, et Paul ne fait aucune difficulté pour s'y rendre.

Dans le service, il ne présente pas de troubles du comportement. Il se plaint néanmoins d'entendre en permanence « la voix de Kali », ce qui l'empêche de dormir, mais ses hallucinations auditives ne semblent pas l'effrayer. Il rit parfois sans raison et, lorsque Kali lui « parle », interrompt son discours sans qu'il lui soit plus possible de se concentrer, car « il lui arrive une vérité ». Son calme apparent vient du fait qu'il se considère comme « mort cliniquement ». « Mon centre d'énergie est en train de s'étendre vers l'extérieur, explique-t-il. J'ai attrapé un sang de reptile et je me refroidis. » Il dit cependant avoir « un serpent de feu dans le ventre ». Son délire est flou, peu systématisé. Paul est persuadé d'être « l'envoyé de Kali » et sa mission consiste à « réunir une nation mystique ». Par moments, il se sent « possédé » et a l'impression qu'on lit dans ses pensées. Il a peur de retourner chez lui, car il se croit persécuté par un membre de sa famille. Visiblement, il fait une bouffée délirante aiguë. Il n'y a pas chez lui d'antécédents psychiatriques et il n'a pas consommé de drogue quand il était en Inde. Il ne sera pas jugé nécessaire de garder Paul à l'hôpital, car très vite il ne présentera plus de troubles de la lignée psychotique. « Je voulais découvrir la dinguerie de l'Inde, dira-t-il plus tard. Mais là-bas, c'était comme si on m'avait ouvert le cerveau et qu'on piochait dedans. »

Que s'est-il donc passé à Bénarès ? Paul se retrouve dans une ville crématoire, où rôde partout l'idée de la mort. Sur les bords du Gange qui, la nuit, ressemble au Styx, le fleuve des Enfers, cela sent le roussi, le « méchoui humain[1] », en même temps que le parfum capiteux des fleurs de jasmin. Des ombres fantomatiques s'agitent près des bûchers, s'occupant consciencieusement — à l'indienne — de leur macabre besogne. Depuis qu'il est arrivé, Paul a été en permanence assailli par les scènes les plus sordides comme les plus esthétiques. Il n'a pas cessé d'être surpris. Moi-même, je me souviens du « flash » que j'ai eu dans les rues étroites de Bénarès : une foule qui se presse, une vache qui urine, un homme se penche, boit à cette fontaine sacrée et repart comme si de rien n'était, dans l'indifférence générale. Le doute m'envahit : n'ai-je pas rêvé ? L'Inde c'est cela, de l'imprévu au coin des rues, des flashes qui font

---

1. J. Thieuloy, *L'Inde des grands chemins*, Paris, Gallimard, 1971. Pour une description « cliché » de Bénarès, voir p. 25-47.

crépiter l'inconscient. Il peut y avoir alors retour du refoulé, de choses enfouies en nous depuis longtemps qui soudain remontent à la surface et nous submergent. Un deuil non fait, par exemple. Si Paul vacille, c'est qu'il se trouve brutalement confronté, alors qu'il n'y était pas culturellement préparé, au réel de la mort. Face aux corps boursouflés par la chaleur des brasiers, aux crânes calcinés, aux membres flottant à la surface de l'eau, il a soudain la certitude qu'il n'est pas éternel et qu'un jour il finira lui aussi par s'en retourner.

Tout cela est accentué par la place que notre culture donne à ces lieux. Ainsi, Bénarès est pour nous, Occidentaux, la capitale de la mort, alors que, pour les Indiens, elle est celle de la lumière, *kashi*. On s'y rend pour vérifier un cliché. Cependant quand réel et imaginaire sont brutalement confrontés et que le symbolique qui permet de les lier est totalement absent, alors tout se délite et un sentiment d'étrangeté apparaît qui peut glisser vers le délire. Nous sommes « égarés » dans cette culture où le langage, les cadres référentiels habituels sont totalement étrangers. Même les repères de notre époque en sont absents, si ce n'est parfois le flash d'un appareil photo dans la nuit, ou un Indien qui, subitement, sort son téléphone portable[1].

1. *Cf.* le film de Vijay Singh, *Jaya, fille du Gange* (1998). À un moment de son errance romantique, le héros, un intellectuel indien exilé à Paris qui vient se ressourcer au pays,

*Le réel de la mort*

Lorsque soudain, au détour d'une rue, un lépreux nous touche de ses moignons gazés, ou que, sur le trottoir, un vieillard agonise dans l'indifférence générale, nous nous trouvons brutalement confrontés à l'innommable : la mort, cette mort à laquelle nous sommes, nous autres Occidentaux, si mal préparés. Nous passons notre temps à l'occulter, à refuser de l'envisager dans sa réalité, à bannir jusqu'aux rites de deuil, à nous dire qu'il sera bien temps d'y penser plus tard, quand nous serons vieux. Une patiente me disait un jour que, dans son immeuble, les architectes n'avaient rien prévu pour sortir les cercueils. Les escaliers étaient trop étroits et l'ascenseur n'avait pas de trappe. Il fallait donc littéralement passer les morts par la fenêtre ! Même dans des lieux comme les hôpitaux, la mort est cachée à la vue des soignants extérieurs aux services. En tant que psychiatre, je n'ai vu à l'hôpital où je travaille que quatre ou cinq morts en dix ans, car en cas de décès, on bloque les portes et les ascenseurs, et on fait vite glisser le chariot bâché vers la morgue. Témoins de la mort, cependant, dans les services de médecine, des petits bracelets en plastique transparent dont j'ignorais jusque-là l'utilité et que l'on attache,

---

demande une information à un Indien sur les bords du Gange. C'est le civilisé qui s'adresse au manant du Moyen Âge. Ce dernier sort alors son portable pour le renseigner…

après y avoir inscrit son nom, au poignet du défunt. À part leur taille, plus grande, ces bracelets sont les mêmes que ceux que l'on met aux bébés qui viennent de naître dans les maternités. Un jour que, par curiosité, j'en avais enfilé un, je me suis rendu compte, avec un sentiment d'angoisse, de panique, qu'ils ne peuvent pas s'enlever ! Il a fallu qu'une infirmière vienne me délivrer, sectionnant à l'aide d'une paire de ciseaux ce « cordon » qui me reliait à la mort. Celle-ci peut aussi être, au contraire, banalisée à outrance. Dans un grand hôpital parisien, j'ai ainsi fait enlever du corps de l'un de mes amis un vulgaire code-barre qui avait été collé sur le voile de papier blanc dont on l'avait recouvert. Nous croyons entrevoir cette mort à travers l'écran de la télévision, mais ce n'est jamais qu'une fiction. Confrontés à elle par surprise, dans sa réalité, l'effroi peut nous saisir.

Les Indiens adoptent une position plus sereine face à la mort. Le cycle des réincarnations y est pour beaucoup, mais compte également l'idée du destin (le *karma*), de l'inéluctabilité des choses et du sentiment d'inscription dans un ordre du monde, le *dharma*. C'est ce qui relativise le sentiment de la mort : naître à la vie, n'est-ce pas aussi naître à la mort ? Les rites initiatiques sont là pour le rappeler. Comme le dit *Le Livre des morts tibétains*, « il est utile d'inclure la mort dans la vie journalière, non comme un dégoût de vivre, mais comme une partie inséparable et nécessaire de la vie. Pour pénétrer dans cette sphère d'expériences, il ne s'agit pas de faire des considérations morbides, mais de descendre au fond du noyau de l'être où nous rencontrons la vie et la mort indissolublement liées[1] ».

La réincarnation ? Cette idée-là aussi nous est insupportable. « J'ai une patiente, raconte Lacan, qui a rêvé que l'existence rejaillissait à l'infini. Elle s'est réveillée presque folle. » Car, poursuit-il, « la mort, c'est la seule certitude, c'est ce qui nous soutient[2] ». Il nous faut donc, pour vivre, nous penser comme des immortels mourants, accepter notre propre finitude et la perte du sentiment d'éternité. À ce moment-là, nous pénétrons dans l'âge adulte. L'Indien, lui, qui a l'éternité devant lui, n'a pas peur de la mort. Il est prêt à mourir pour rentrer dans le grand cycle des réincarnations. La vie, la mort se rejoignent dans la roue de la vie, alors que, en Occident, nous avons une appréhension linéaire des choses et qu'il est tabou de les rapprocher.

La question de la mort, c'est donc autour d'elle que le sujet se constitue. Face à elle, l'Occidental est désemparé. Déjà affaibli à l'arrivée par le climat, la chaleur, la déshydratation, les problèmes intestinaux, la perte de sels minéraux et une conception du monde opposée à la sienne,

---

1. A. Govinda, *Bardo-Thödol, ou Le Livre des morts tibétains*, Paris, Albin Michel, 1981.

2. J. Lacan, *Conférence à Louvain*, 1972.

il est soumis a une sorte de traumatisme psychique quand il rencontre la mort à l'état brut. Il réagit par différents mécanismes que l'on peut parfois comparer à ceux de la névrose traumatique (où il y a là aussi quelque chose qui concerne le réel de la mort). Les états de stress post-traumatiques, aussi appelés névroses d'effroi, sont déclenchés par des situations extrêmes lors de la confrontation à la mort, la sienne ou celle des autres — par exemple en période de guerre. C'est un traumatisme psychique qui se caractérise par une première période de plusieurs semaines pendant laquelle on assiste à une sidération, un blocage des fonctions du moi, associée à un phénomène de répétition : le patient fait des cauchemars au cours desquels il revit le moment traumatique. Cela le réveille en sursaut et donne lieu à des débordements émotionnels comme des montées d'angoisse ou des pleurs. La seconde période associe des signes non spécifiques dépendant de la nature du traumatisme, de la personnalité du patient et de son environnement. On peut ainsi trouver un vécu dépressif chronique appelé aussi névrose du survivant ; des troubles fonctionnels comme la neurasthénie ou l'hypocondrie ; des phobies liées au traumatisme. Le cas de Christine s'apparente à ce cadre nosographique, car, sans avoir une névrose d'effroi, elle en a cependant certains symptômes, comme ces cauchemars qui, pendant quinze jours, la réveillent en sursaut. De nombreux voyageurs m'ont rapporté des troubles similaires qui, s'ils n'évoluent pas vers la névrose traumatique, du moins s'en rapprochent. Plus rarement peuvent apparaître des réactions psychotiques avec le risque d'un passage à l'acte auto- ou hétéroagressif, le patient n'ayant pas conscience de son état morbide.

Le rapatriement rapide du voyageur, qui réintègre alors son corps social, où il retrouve ses repères, son type d'idéal et la névrose collective, est comme dans les névroses traumatiques d'une efficacité surprenante[1]. La présence d'un médecin qui parle la même langue maternelle que le patient, et qui est dans le même système symbolique, lui permet de reprendre pied dans sa réalité occidentale, « retrouvant en quelque sorte, par des mécanismes d'identification, son double perdu[2] ». Il peut cependant y avoir des « retours de délire » dans les jours qui suivent, mais on peut facilement les contenir par un suivi en ambulatoire et un léger traitement neuroleptique. J'ai pu constater sur un suivi de dix ans des patients que j'avais rapatriés que ces épisodes sont le plus souvent sans lendemain. On peut parler d'une véritable expérience initiatique psychotique du voyage.

Tout Européen est soumis en Inde à un balancement sans limite du Réel à l'Imaginaire.

---

1. P. Nivet, *Les Névroses d'effroi*, Mémoire de psychiatrie, 1989.

2. O. Rank, *Don Juan et le double*, Paris, Payot, coll. « Petite Bibliothèque Payot », 1973.

Mais ce vertige n'est-il pas précisément ce que l'on vient y chercher ?

*Le pèlerinage de Gandhi*

Je repense à une histoire que j'ai vécue en compagnie de ma femme, au cours du pèlerinage d'Amarnath, dans le Cachemire. À majorité musulmane, cette région a toujours affirmé sa spécificité par rapport à l'Inde. Cependant, de nombreux Hindous viennent y adorer une stalagmite, le « lingam de glace », dans une grotte située à quatre mille mètres d'altitude où le dieu Shiva aurait révélé le secret de l'immortalité à sa compagne Parvati. On peut atteindre cet endroit l'été depuis la ville de Pahalgam, à quarante kilomètres de là.

Nous étions partis avec les pèlerins, des Indiens venus de toute l'Inde et issus de toutes les catégories sociales. Le pèlerinage est une des plus fortes caractéristiques de ce pays. Quelle que soit sa caste, chaque Indien y va régulièrement avec toute sa famille. On peut donc vivre encore actuellement l'équivalent de ce qui se passait au Moyen Âge en Europe sur les chemins de Saint-Jacques-de-Compostelle.

Il y avait donc là, nonchalant, l'étudiant en tongs avec son transistor collé à l'oreille, promeneur citadin égaré dans l'Himalaya ; une vieille dame digne et droite sur sa chaise à porteurs (des musulmans barbus qui l'inclinaient dangereusement vers les ravins) ; le cul-de-jatte avec ses deux fers à repasser en train de gravir, un sourire béat aux lèvres, les différentes étapes du voyage. Je m'étais arrêté plusieurs heures avec un horrible mal de tête causé par l'altitude. Les Indiens se bousculaient sur les sentiers afin d'arriver au moment le plus propice — le jour de la pleine lune du mois d'août — pour le *darshan*, c'est-à-dire la bénédiction. Des sadhous nous regardaient avec leurs grands yeux tout en fumant des chilloms. Régulièrement, on apercevait le long du trajet des mules au fond du ravin.

Nous sommes arrivés, après deux jours de marche, dans la grotte. Une foule compacte de dévots patinait, glissait, tombait, sc relevait sur la glace autour du lingam, tout en récitant des prières, les *mantras*. Après avoir fait les offrandes de fleurs et de noix de coco, nous sommes redescendus dans la vallée pour prendre le bus qui devait nous ramener à Shrinagar, la capitale du Cachemire. Là était préparée de la nourriture pour les pèlerins, qui ont droit, à la fin du parcours, à une grande collation offerte par le gouvernement. De nombreuses personnes âgées étaient là, épuisées, et peut-être certaines d'entre elles étaient-elles déçues de ne pas avoir succombé lors du périple : mourir en pèlerinage est de bon augure, car cela permet d'échapper au cycle infernal des réincarnations auquel est condamné, dans la religion brahmanique, le commun des mortels. Nous nous sommes installés dans le bus dont le départ était immédiat.

Trois heures après, nous étions toujours là et nous commencions à nous impatienter.

Un vieillard est alors arrivé que nous avons de suite surnommé Gandhi. Tout de blanc vêtu, il avait de larges pieds aux orteils écartés et des petites lunettes rondes : c'était la réplique de Gandhi. Il avait dû tomber, car ses verres de lunettes étaient fendus et ses vêtements couverts de boue. À bout de force, il était soutenu par un policier qui l'installa près de la porte du bus. Il lui alluma une cigarette, visiblement la dernière, la cigarette du condamné. Puis il partit. En tant que médecin, j'ai réagi et, profitant de l'aura que j'avais acquise au cours de ce voyage, j'ai demandé aux passagers de m'aider à l'installer plus confortablement à l'arrière du bus.

Je parle de mon aura car, en arrivant à Amedhabad, de nombreuses personnes nous avaient suivis en me demandant des autographes. Ma femme, pour qui c'était le premier voyage en Inde, s'était inquiétée de cette foule de « groupies ». Moi, cela m'amusait fort et j'ai joué le jeu sans poser de questions. En attendant de comprendre, je me laissais pour le moment porter par les événements. À chaque fois que nous montions dans un bus, un bourdonnement s'élevait : « Imran Khan, Imran Khan. » J'ai fini par en demander la signification au conducteur. Il m'a désigné sur le tableau de bord le dieu Shiva et, en dessous, la photo d'un joueur de cricket pakistanais, l'idole des Indiens à cette époque : le fameux Imran Khan. Tout au long du voyage qui nous a menés du mont Abu au Cachemire, j'ai donc été Imran Khan et, lorsque l'on s'arrêtait aux contrôles de police, on me mettait une batte de base-ball dans les mains pour prendre une photo de groupe.

Donc, profitant de ce prestige usurpé, je haranguai les Indiens du bus en leur demandant d'aider le vieillard : « Please, help Gandhi. » Quelques pèlerins commencèrent à le nourrir, ou du moins à faire semblant, pour me faire plaisir, tout en rigolant. Comme il grelottait, je lui donnai une couverture que j'avais emmenée pour notre périple. « Gandhi » reprit peu à peu des couleurs, les Indiens lui essuyèrent ses verres de lunettes et il s'endormit, la tête contre la banquette d'en face. La nuit tomba. Le bus ne démarrait toujours pas. Avec d'autres Occidentaux, nous décidâmes d'atteindre à pied le prochain village, où nous espérions trouver un moyen de locomotion. Quelques heures plus tard, au détour d'un virage, nous entendîmes le Klaxon de notre bus.

Le chauffeur s'arrêta près de nous, descendit et prit de force nos sacs. « Vous avez payé, nous dit-il. Vous devez monter. Je ne vous laisse pas sur la route. » (Telle est l'éthique des chauffeurs de bus indiens.) Obéissants, nous remontâmes. Je jetai un œil sur « Gandhi », qui dormait toujours. Nous nous installâmes et, après des centaines de virages, nous arrivâmes pour le lever du jour à Shrinagar. Tout le monde descendit et je m'enquis de l'état de « Gandhi ». Avec un grand sourire, on me répondit : « Ah ! Gandhi is dead at twelwe. » À minuit. Mort. Et c'était dit en souriant, en me tapant sur l'épaule comme s'il s'était agi d'une bonne plaisanterie ! Leur attitude me choquait mais, à l'évidence, ils étaient contents pour lui.

À côté de « Gandhi » se trouvait un sadhou qui avait la tête du fakir dans les albums de Tintin. De petite taille et nu, à part son *longui* (un bout de tissu servant de pagne) et une hachette en bandoulière. Assez sec, nerveux, il jeta sans ménagement le corps de « Gandhi » par terre et le traîna sur la couverture déjà remplie des sécrétions du mort. Il le tira dans le bus, puis sur les marchepieds. La tête cogna fortement sur un angle. Il étala le corps tout pâle de « Gandhi » sur le trottoir, dans le matin brumeux. Un bout de cervelle sortit du crâne et des corbeaux se jetèrent dessus. La nausée nous prit. Nous étions désemparés. À ce moment, le sadhou me demanda d'un ton autoritaire dix roupies afin de payer la cérémonie mortuaire de son « collègue » qui, me dit-il, était lui aussi un « hors monde », un moine errant.

Nous partîmes hagards au milieu de dizaines de corbeaux qui semblaient rebondir sur leurs pattes, se précipitaient et se chamaillaient pour la nourriture. La vie reprenait son cours, mais mes pieds collaient étrangement au sol et mes oreilles bourdonnaient, comme si je venais de plonger en apnée sans respecter les paliers.

### *Petit détour par la France : le cas des Japonais à Paris*

Chaque culture semble désigner à ses membres un lieu où il sera pour eux plus facile de « vaciller » que partout ailleurs dans le monde. J'ai déjà parlé de Jérusalem et de Florence. Un petit détour par la France et, singulièrement, par Paris, va nous montrer que notre pays peut, comme l'Inde, agir de manière spectaculaire sur le psychisme de certains voyageurs étrangers. À la fin des années 1980, un psychiatre japonais attaché à l'ambassade du Japon à Paris, le docteur H. Ota, constate que « Paris est [...] la ville où l'on peut le plus fréquemment rencontrer la maladie mentale chez les Japonais à l'extérieur du Japon[1] ». Paris et la France seraient aux Japonais ce que Katmandou et l'Inde sont aux Occidentaux !

Ce type de décompensation, remarque le docteur Ota, est un phénomène récent. « La devise nationale étant jusque-là : "l'objet est occidental, l'esprit reste japonais" [...] défense psychologique pour éviter de se trouver "avalé" par la civilisation étrangère en question[2]. » Cependant, depuis les années 1970, le climat économique favorable a créé une véritable « ruée vers

1. H. Ota, « Voyages et déplacements pathologiques des Japonais vers la France », *Nervure*, 6, 1988.
2. *Ibid.*

l'Ouest» des Japonais, faisant de la France le paradis civilisé et raffiné auquel ils aspirent.

Après une «lune de miel» de quelques semaines, les problèmes apparaissent : tentatives de suicide, agissements délictueux, passages à l'acte hétéro-agressifs, état dépressif grave ou délirant à thème mystique, érotomaniaque ou persécutif. «Ils sont en règle générale âgés de moins de trente ans [...] et peu ont des antécédents psychiatriques. [...] Ils se présentent volontiers comme artistes ou écrivains à la recherche d'un rêve qui se résume en un mot : "Paris!" et qu'ils ont voulu poursuivre désespérément malgré leur isolement de la communauté japonaise en France et leur faible intégration à la société française, conditions qui leur font mener une vie marginale et déracinée. Il est, bien sûr, tentant d'expliquer la décompensation pathologique qui survient chez ces patients à la fois par une fragilité de leur personnalité [...] et aussi par l'aspect pathogène que pourrait avoir, chez ces sujets vulnérables, le décalage existant entre les codes socioculturels des civilisations française et japonaise [...] Ils sont difficiles à traiter et refusent leur retour au pays, car ils semblent possédés par le fantasme "France".»

J'ai moi-même effectué le rapatriement de l'un de ces Japonais. Il s'agissait d'une femme qui présentait un état délirant aigu avec un sentiment de dépersonnalisation, d'étrangeté de l'ambiance. Elle avait en outre des hallucinations auditives et cénesthésiques, affirmant notamment dialoguer par télépathie avec son propre corps. Durant tout le voyage du retour, elle est restée silencieuse. Nous étions seuls en première classe, chacun à un bout de la cabine. Elle ne s'est remise à parler qu'à l'aéroport, en présence de ses parents qui nous attendaient les bras chargés de cadeaux. Son état s'étant rapidement amélioré, elle a pu quitter le lendemain l'hôpital où elle avait été admise.

Il existe donc de nombreux points communs entre l'expérience japonaise en France et l'expérience française en Inde. Il semble que les voyageurs « agissent » et mettent en acte le fantasme qui anime leur culture et leur histoire : Paris et la civilisation européenne pour les Japonais, l'Orient et sa sagesse pour les Français. Dans les deux cas, il s'agit d'une vision romantique de cet « ailleurs ». Ces décompensations ne sont donc pas simplement dues au climat, au mysticisme ambiant, ou à la drogue, mais au fait que notre réalité est sous la dépendance de l'univers symbolique qui nous détermine et des fantasmes qui nous animent. Si nous sommes trop longtemps exposés à un univers trop différent du nôtre, cette réalité « se défait », et ce, d'autant plus que le pays, objet du voyage, occupe une position mythique pour la culture d'origine.

## *Le Noël de Martine*

Martine, vingt-deux ans, vient consulter pour un état mélancolique apparu quinze jours plus tôt. Son ami, Franck, trente ans, est profondément inquiet, car il n'a jamais vu sa compagne dans cet état. Martine n'a en effet aucun antécédent psychiatrique et n'a jamais pris de drogue. Franck demande son rapatriement sanitaire par leur compagnie d'assurances.

C'est le début de l'année et la salle d'attente est pleine, car la saison touristique bat son plein. Martine est là, figée dans un coin, le visage crispé dans une attitude de souffrance profonde. Pendant la consultation, elle est très ralentie et s'exprime d'une voix monocorde. Les rares phrases qu'elle prononce entre deux gémissements concernent ses parents, qu'elle s'accuse d'avoir abandonnés, d'avoir fait souffrir et d'avoir tués (alors qu'ils sont bien vivants). Ces idées d'indignité s'accompagnent d'un délire de persécution : elle se méfie de son ami et des médecins. Je note également des fausses reconnaissances et peut-être des hallucinations (elle aurait vu son oncle et sa tante dans le train). Elle n'est pas confuse, mais est parfois dans un état de grande perplexité. Elle ne mange pas et ne dort plus depuis une semaine. Cet état actuel avec des idées de mort sous-jacentes (qu'elle n'exprime cependant pas) contraste avec sa personnalité habituelle. Martine est d'habitude extravertie et plutôt gaie. Le fait de passer pour la première fois de sa vie les fêtes de Noël en dehors de sa famille, seule avec son ami et dans un pays comme l'Inde, a pu jouer le rôle de facteur déclenchant.

Les jours suivants, Martine est triste, anxieuse et perplexe le matin, alors que l'on note une amélioration de quelques heures dans la soirée : elle redevient joyeuse, a un contact presque normal, puis retombe dans un semi-mutisme en refusant traitement et nourriture par peur d'être empoisonnée. Le matin du retour, de nouveau triste et méfiante, elle doute de tout, même de son départ, et se demande ce qui se passe. Dans l'après-midi, cette perplexité disparaît brutalement. Le soir venu, elle parle spontanément, prend des initiatives et dit être contente de rentrer en France. Elle restera dans cet état « normal » jusqu'à son arrivée et sortira quelques jours plus tard de l'hôpital où elle a été admise.

### *Peut-on s'adapter à l'Inde ?*

La plupart des résidents sont des expatriés, c'est-à-dire qu'ils vivent à l'étranger pour des motifs professionnels ou familiaux et que, passé un certain temps, une fois leur mission accomplie, ils rentrent dans leur pays d'origine. Les marginaux, même s'ils séjournent en Inde depuis longtemps, n'appartiennent donc pas à cette catégorie. On croise aussi quelques Françaises mariées à des Indiens et qui finissent leur vie là-bas. Parfois resurgissent de leur lointaine mission de vieux indianistes, ainsi que des missionnaires et des religieuses.

Dans l'ensemble, donc, les expatriés n'ont pas spécialement choisi de venir en Inde. Pour eux, l'adaptation est difficile, en particulier s'ils habitent Bombay, ville bruyante et surpeuplée. Ils ne peuvent pas profiter de l'Inde durant leurs deux mois de congés annuels, puisqu'ils rentrent alors en France. Et le week-end, il leur est difficile de s'échapper, car il faut endurer quatre heures d'embouteillages pour entr'apercevoir un bout de campagne. Ils restent donc entre eux, dans les différents « clubs » et piscines privés de la ville.

Il arrive cependant que des résidents aient le coup de foudre et attrapent le virus de l'Inde, avec l'envie de ne plus jamais retourner en Europe. Quelques-uns vivent comme des princes malgré les énormes efforts financiers que cela représente, car les loyers à Bombay sont très élevés (les plus chers après ceux de Tôkyô et de New York). Un contraste de plus dans un pays où un serviteur sera payé trois cents francs par mois ! Il faut dire que les salaires sont à la hauteur du fantasme. Mais la plupart des expatriés économisent pour le fameux retour en France, à la fois désiré et redouté.

Il règne dans la communauté française une angoisse flottante par rapport à la maladie. Les résidents ne comprennent pas que le ministère envoie un psychiatre pour les marginaux et les touristes plutôt qu'un pédiatre ou un spécialiste des maladies tropicales pour leurs enfants[1]. Ils venaient souvent me voir comme médecin « somatique », pour un vaccin, une bronchite, et parfois pour exprimer un malaise, un vécu dépressif. Plus rarement pour une sorte d'affaissement du moi qui remettait en cause leurs certitudes, ce qui les angoissait profondément.

Dans notre circonscription, ils étaient environ cinq cents, dont la moitié vivait à Bombay. Une cinquantaine est venue me consulter. Les plaintes étaient diverses et variées, le plus souvent centrées sur le corps : le leur, mais aussi celui de leurs enfants ou du conjoint. À la peur des maladies (« Docteur, puis-je me laver les dents avec de l'eau non filtrée et non bouillie ? Est-ce que je ne vais pas attraper la gale, ou le choléra ? ») qui pouvait prendre l'allure d'un délire hypocondriaque, s'ajoutaient chez certaines femmes les conflits avec le personnel de maison et la dépression. Je me souviens d'une femme de quarante-cinq ans qui venait régulièrement me voir. D'abord, ce fut pour des conseils d'hygiène, puis pour des vaccins (les enfants puis le mari), enfin pour les amibes de son mari. Six mois plus tard, elle commença à avoir peur d'avoir attrapé une maladie, puis pensa que c'était un cancer du sein. Elle fit des examens qui prouvèrent qu'elle n'avait rien. À la fin de son

---

1. D. Saada, *La Fin des chemins de Katmandou*, Mémoire pour le CES de psychiatrie, Paris, 1986.

séjour, elle finit par consulter pour son anxiété, puis pour une authentique dépression. Il était hors de propos, lors des premières consultations, de lui signifier la dimension psychologique de sa demande. Chez les hommes, les principaux mécanismes de défense face à l'angoisse étaient la fuite en avant, le rejet de l'Inde et parfois la mégalomanie.

La majeure partie de cette population rejetait le pays en bloc. Ceux qui avaient fait le choix d'être là présentaient eux aussi des moments dépressifs qui semblaient inévitables après quelques années passées dans ce pays « qui vous ronge l'âme et vous suce la moelle des reins [...] et après une « lune de miel » la force vous manque vite [...] cela ne dure que tant qu'agit l'énergie apportée d'Europe [...] l'Européen est en quelque sorte arraché à son être [...] Tôt ou tard, chacun reçoit le coup fatal : les uns boivent, les autres fument de l'opium, d'autres ne pensent qu'à donner des coups et deviennent des brutes ; de toute façon chacun contracte sa folie. On a la nostalgie de l'Europe [...] mais on sait qu'en Europe on est oublié, inconnu. C'est ainsi que l'on reste[1] ».

*Le Vice-Consul* de Marguerite Duras illustre également tous les problèmes psychologiques rencontrés en Inde par les résidents. Dépression, angoisse et parfois délire reviennent à chaque chapitre et forment la trame du livre. Le thème

1. Stefan Zweig, *Amok*, Paris, Stock, 1998.

principal est celui du délire meurtrier du vice-consul de Lahore, qui devient une sorte de bouc émissaire de la communauté européenne, car c'est celui qui a vraiment « craqué ». Il a été muté à Calcutta, où tout le petit monde consulaire l'épie et projette sur lui ses fantasmes. Un jour, un officiel français en poste à Bombay déclara ainsi à de jeunes gens : « Moi, quand je vois des lépreux, j'ai envie de sortir la mitraillette[1]. » Face à la foule, à la densité, à la surpopulation des villes, et sur certaines routes, c'est un fantasme fréquent — l'Inde, répétons-le, est un pays où les Occidentaux s'énervent facilement — que de vouloir « en écraser quelques-uns ». « Ah, cette envie de tuer en fonçant dans le tas qui vous sort de la peau en Inde[2] ! » Ainsi Victor, le héros du roman de Pascal Bruckner, tue tous les parias (lépreux, toxicomanes, etc.). Ce personnage n'est pas totalement imaginaire. Nous retrouvons dans la réalité ce genre de délire meurtrier agi. Georges en est malheureusement la preuve. Lui aussi se sentait investi d'une « mission » et déclarait qu'il n'avait jamais tué de gens biens.

Les « délires » des résidents étaient beaucoup plus modestes, avec au premier plan une surestimation d'eux-mêmes et un sentiment d'ennui.

1. Choqués par ces propos, les jeunes les ont retranscrits dans un livre, *cf. J'ai quinze ans et je ne veux pas qu'ils meurent*, *op. cit.*, p. 62.

2. J. Thieuloy, *L'Inde des grands chemins*, Paris, Gallimard, 1971.

« L'ennui, ici, c'est un sentiment d'abandon colossal, à la hauteur de l'Inde elle-même, ce pays donne le ton[1]. » Ces difficultés d'adaptation des expatriés étaient souvent à mettre en relation avec le climat, les problèmes relationnels avec les « locaux », et la fuite en avant dans le travail : comment ne pas craquer quand on passe six jours sur sept au bureau, sans prendre de week-ends ou de vacances, sauf pour fuir l'Inde, dont on n'appréhende que le côté sordide et administratif ? Certains sombraient peu à peu dans une dépression « légitime », l'Inde devenant un « objet poubelle » opposé au « sujet occidental parfait[2] ».

Le clivage consommé, on assistait à la projection des problèmes sur « les indigènes incapables » ou « les hippies drogués » qui venaient profiter de l'Inde bon marché (et qui encombraient le consulat). Parfois, un délire de persécution apparaissait centré sur les serviteurs ou les autres résidents. « Tout Calcutta sait-il ? Tout Calcutta se tait[3]. » C'est pour cette raison que je trouvais fondamental d'organiser, la veille d'un rapatriement, une sorte de repas d'adieu avec les membres de la communauté occidentale, en présence du patient (et de sa famille, s'il en avait une). Ce dernier allait souvent déjà nettement

1. M. Duras, *Le Vice-Consul*, Paris, Gallimard, 1966.
2. P. Dubor, « La structure psychotique », *in* J. Bergeret et *al.*, *Abrégé de psychologie pathologique*, *op. cit.*
3. M. Duras, *Le Vice-Consul*, *op. cit.*

mieux quand la perspective du retour était si proche. Les choses pouvaient, sinon se parler, du moins se voir, et même si le patient était délirant, tout au plus paraissait-il un peu étrange et lointain. Cela coupait court aux fantasmes et lui évitait d'endosser le rôle, peu agréable, de bouc émissaire. On peut se prendre pour le Messie et bien se tenir à table...

Fréquentant les deux groupes, marginaux et résidents, qui s'ignoraient et se méprisaient, le médecin était, aux yeux de la plupart des résidents, une sorte de paria s'occupant des parias et, pour certains marginaux, un privilégié venu s'encanailler[1].

D'autres résidents, en particulier des hommes, réagissaient à l'Inde comme des paranoïaques, drapés dans la toute-puissance que leur confère statut et finances. Les Indiens n'étaient plus alors que des « instruments » méprisables dont ils étaient, pour quelques centaines de francs par mois, les maîtres orgueilleux.

On retrouve donc certains clichés coloniaux classiques. Il ne faut pas croire que ce type de comportement caricatural d'agressivité soit l'apanage de personnes prédisposées par leurs idées racistes. Tout le monde peut tomber dans ces travers après quelques années passées en Inde. La fatigue, la foule, le manque de sommeil, les conflits avec le personnel de maison ou avec un chauffeur de taxi qui essaie de vous « escro-

---

1. D. Saada, *La Fin des chemins de Katmandou*, *op. cit.*

quer» quelques roupies, finissent par avoir raison de vos nerfs. Vous pouvez alors facilement vous laisser emporter par vos humeurs. Cependant, nous sommes ici dans un système de castes, où chaque individu a une place précise. Si le maître défaille de sa place, il ne perdra pas simplement son crédit, mais perturbera l'ordre du monde. À ce titre, il ne sera plus respecté ni écouté par ses serviteurs et deviendra une sorte d'Intouchable. Il faut donc savoir en Inde, peut-être plus qu'ailleurs, jouer le rôle social qui nous est assigné.

Le rejet souvent massif de l'Inde de beaucoup de ces «travailleurs émigrés» que sont les résidents est aussi surprenant que la fusion dont font preuve les autres Occidentaux vis-à-vis de «Mother India». Il existe bien sûr parmi les expatriés des personnes qui ont choisi d'habiter et de travailler en Inde. Parfois, certains ont un parcours surprenant, tel cet homme qui avait tout d'abord vécu comme un sadhou pendant des années. D'autre se sont recyclés dans l'import-export après leur «voyage initiatique» dans les années glorieuses, mais la plupart ont préféré aller s'installer en Thaïlande ou à Bali à cause de problèmes de visa. La plupart reviennent pour des périodes de six mois, au cours de la bonne saison, et ne rentrent donc plus dans la catégorie des résidents.

On retrouve donc chez beaucoup d'Occidentaux une forme d'organisation psychotique dans les rapports qu'ils entretiennent avec ce pays.

Nous sommes, en effet, soumis ici à la loi du « tout ou rien ». C'est soit la fusion avec la bonne mère, soit le rejet et le clivage avec la mère persécutrice. La particularité première de ce « vécu psychotique » tient à la « disparition relative du cadre mental de référence, celui que tout le monde reconnaît implicitement comme le sien, comme contenu de ses éprouvés, celui à travers lequel on perçoit, celui qui par conséquent régit la mise en forme la plus habituelle de nos contenus[1] ».

### *Mort d'un résident*

Alors que la mousson s'approche et que la température extérieure atteint son paroxysme, Bernard, vingt-trois ans, se suicide au petit matin dans un contexte dépressif d'allure mélancolique. Je connaissais peu Bernard, qui était en Inde depuis presque un an en tant que coopérant. Je le croisais dans les cocktails et les réceptions. Mais je l'avais vu à plusieurs reprises au cabinet pour des conseils médicaux concernant la prévention du paludisme et du choléra. Je suis donc surpris de le voir venir consulter pour des problèmes dépressifs un mois avant le drame. Cela me surprend, car les résidents viennent habituellement avec un alibi somatique. Il

1. P. Dubor, « La structure psychotique », *in* J. Bergeret et *al*, *Abrégé de psychologie pathologique*, *op. cit.*

m'explique qu'il « craque » et évoque des difficultés dans son travail. Sur le plan affectif, cela ne va pas fort non plus : sa fiancée vient de le rejoindre en Inde et lui a annoncé leur séparation. Il me dit par ailleurs ne s'être jamais plu à Bombay. Seule la perspective de leur retrouvailles lui a permis jusque-là de tenir le coup.

J'évoque alors un simple vécu réactionnel dans un contexte difficile, un coup de cafard comme en ont tous les expatriés, souvent spontanément résolutif. Je le revois quelques jours plus tard. Devant la persistance de l'autodévalorisation, je lui prescris un arrêt de travail et un traitement antidépresseur. Quand je le croise par hasard, quelques jours plus tard, Bernard est avec son amie et tout semble aller pour le mieux. Il est moins ténébreux et plaisante. Son amie repart en France le lendemain et cela semble s'être arrangé entre eux.

Après le départ de celle-ci, je lui propose de nous accompagner en mission à Goa avec mon successeur qui vient d'arriver, ce qu'il accepte avec un certain enthousiasme. Pendant cette semaine, il habite à l'ashram de Vagator où il découvre un nouveau milieu et se fait des amis. Au bout de quelques jours, il est moins triste, mange normalement et confie avoir eu des idées suicidaires peu auparavant.

À son retour, il s'inquiète pour son avenir qu'il voit sans solution dans cette ville. Nous décidons d'attendre quelques jours avant de demander un éventuel rapatriement, car il refuse un simple congé en France et veut changer de poste. Nous contactons son employeur qui accepte ce changement. Le rapatriement, bien qu'envisagé sérieusement avec Bernard, paraît à ce moment-là une solution extrême, de même qu'une hospitalisation. Je pars ensuite en voyage au Népal pendant quinze jours, avant de préparer mon retour pour la France.

C'est en rentrant à Bombay que j'appris sa mort. La semaine précédant le suicide, Bernard avait des moments d'apathie alternant avec des périodes où il se montrait parfois agressif, alors que le reste du temps il était, bien qu'anxieux et tendu, d'agréable compagnie. Jamais seul durant cette période, il a profité du sommeil de ses amis pour se jeter dans le vide depuis la fenêtre de son appartement. On a retrouvé son corps le lendemain. Il avait laissé une lettre dans laquelle il demandait à ses parents de lui pardonner ce geste qu'il disait inévitable, tant il se considérait comme « inadapté » à son environnement.

La plupart des Français de Bombay sont effondrés et se culpabilisent — « nous aurions pu l'aider », « être plus proches », « prendre au sérieux ses problèmes », « c'est de notre faute » — alors qu'ils ont pour la plupart su être présent quand c'était nécessaire. Ses supérieurs avaient par ailleurs accepté tout de suite sa demande de changement de poste (même si l'éventualité d'un tel dénouement ne leur était jamais venu à l'esprit). Certains perdent le sommeil, d'autres s'auto-accusent et l'angoisse qui a toujours flotté sur les expatriés trouve là un lieu, créant une sorte de délire mélancolique dans une partie de la communauté française. Nous redoutons à ce moment-là avec mon confrère un effet de série avec de nouveaux passages à l'acte et essayons nous aussi de ne pas nous laisser envahir par notre propre culpabilité.

En cette période de pré-mousson, tout prend des dimensions dramatiques. Un simple doute peut évoluer vers un délire mélancolique. Nous organisons ainsi, durant quelques jours, de véritables groupes de parole le soir, chez les résidents, afin de parler de la mort de Bernard. Car, depuis, chacun venait tour à tour nous consulter.

Quelques jours après le drame, je quittais l'Inde en pensant que j'avais peut-être de la chance d'être encore vivant.

## *L'éprouvé de l'Inde*

La plupart des personnes que j'ai rencontrées en Inde, et qui y ont déclenché des troubles psychiatriques, sont retournées là-bas depuis. Pour la majorité d'entre elles, le voyage « sur les lieux du délire » s'est bien passé, mais si elles avaient de nouveau décompensé en cours de route, on les aurait considérées comme des voyageurs pathologiques. Certains patients peuvent avoir des antécédents psychiatriques sans que leur voyage soit pour autant motivé par une idée délirante. Les véritables voyages pathologiques, en effet, sont rares, à moins de ne plus employer cette notion au sens strict et de s'interroger sur le désir d'ailleurs qui pousse tout voyageur. Comme le montre Freud dans son étude de la Gradiva de Jensen. De là à dire que tous ces voyages vers des lieux mythiques sont pathologiques, il n'y a qu'un pas. Je ne le franchirai pas. Car prendre ce parti ne manque pas d'intérêt, mais clôt le débat. Cependant, il est certain qu'une destination comme l'Inde n'est pas anodine. Et les représentations mentales que nous avons sur l'objet même du voyage participent du « tremblement du moi ». Le syndrome de Jérusalem, celui de Florence, ou encore celui des Japonais à Paris, s'expliquent ainsi.

La notion de voyage pathologique a aussi une implication pratique, car les compagnies d'assurances la prennent en compte en cas de rapatriement. Une clause du contrat stipule en effet que les « clients » avec des antécédents psychiatriques ou ayant pris de la drogue ne sont pas couverts. Heureusement, elle est rarement appliquée. Seuls les toxicomanes et les psychotiques ayant été rapatriés plusieurs fois sont pour l'instant concernés. Mais il suffirait que le nombre de décompensations dues au voyage augmente de manière significative pour que la situation change. Un jeune qui présenterait un tableau de bouffée délirante risquerait alors de ne pas bénéficier du rapatriement si, par exemple, il a fumé du haschich.

Aller une fois en Inde, c'est s'exposer à y

retourner. Pour quoi faire ? S'éprouver ? Retrouver une sensation oubliée ou une partie de soi ? L'enfance ? peut-être. L'adolescence ? sûrement. Dans tous les cas, on revient en Inde parce qu'on s'y sent bien, comme s'il y avait là-bas quelque chose, une intensité particulière, qui redonnait des couleurs à la vie. « Tous ceux qui y sont allés sont revenus différents. C'est clair », m'affirma une jeune femme qui n'y avait jamais mis les pieds. « Je crois qu'on va en Inde en grande partie pour savoir pourquoi on y va », dit Alain Corneau, le réalisateur de *Nocturne indien*. D'autres avouent y aller pour vérifier qu'ils n'ont pas rêvé le voyage précédent, ou encore pour tester leurs capacités d'émerveillement et s'assurer ainsi que l'enfance en eux n'est pas tarie. Chacun a sur la question une idée arrêtée. Pourtant, que sait-on *vraiment* du bien-être que l'on peut ressentir en Inde ? Que sait-on de cet impalpable, de cette sensation difficilement transmissible, à laquelle s'ajoutent épreuves et transformations, qui donnent à ce voyage une dimension initiatique ? Que sait-on de « l'éprouvé » de l'Inde ?

CHAPITRE III

# La tentation de Goa

> « Notre but n'était pas simplement l'Orient, ou plutôt : notre Orient n'était pas simplement un pays et quelque chose de géographique, c'était la patrie et la jeunesse de l'âme, il était partout et nulle part, c'était la synthèse de tous les temps. »
>
> HERMAN HESSE

Les contes de fées nous apprennent que pour grandir, il faut mettre « une forêt obscure » entre soi et les siens, entre le monde de l'enfance et celui des adultes. Les enfants, mais aussi les adolescents, aiment les écouter, ces histoires où il y a toujours un départ, des épreuves et un retour. Ce n'est pas étonnant, car la petite enfance et l'adolescence sont des périodes d'entre-deux, des moments d'initiation, de transformation, où l'on passe d'un état à un autre après avoir traversé différentes épreuves.

Les enfants grandissent et deviennent adolescents. À cet âge, non seulement ils veulent encore des histoires, mais ils en font et, au grand désespoir de leurs parents, partent les vivre dans le vaste monde. Ils veulent s'essayer à la vie, se confronter au réel imaginé pendant toutes ces années de « patiente résignation » et fuient l'assignation à résidence[1]. Bref, ils veulent faire leurs humanités, apprendre à « habiter » leur vie. Les rituels initiatiques classiques sont là pour donner des repères culturels et valider ces changements. Mais dans notre société, la plupart des rites de passage ont disparu : les adolescents sont donc obligés d'en inventer.

Dans cette délicate recherche d'un « lieu » qui soit à eux, certains choisissent l'Inde. Parfois, ils suivent les traces de leurs parents, qui y sont allés vingt ans plus tôt, mais le plus souvent veulent juste vérifier le mythe indien et le parcourir, se parcourir. Quelques-uns jouent à Mowgli et vont se perdre dans la jungle. D'autres se prennent pour Gandhi et refont la « marche du sel ». D'autres encore s'identifient à Peter Pan et partent à Goa, « l'île des enfants perdus ». Même si parfois le chemin est balisé, ils pourront grimper dans les Himalayas, passer quelques mois dans un ashram, ou marcher comme les moines errants, les sadhous, d'un lieu de pèlerinage à l'autre. Dans tous les cas, ils rencontreront des

1. M. Maffesoli, *Du nomadisme. Vagabondages initiatiques*, Paris, Le Livre de Poche, 1997.

hommes, des femmes, des enfants, et s'ouvriront au monde dans ce pays, où le réel se décline à l'infini.

Rien n'aurait-il changé depuis trente ans ? Si, notre société, et le regard qu'elle porte sur l'Inde, aujourd'hui moins mystérieuse, moins hostile, plus « consommable ». Dans certaines régions, les touristes se bousculent. Mais le voyage garde sa saveur. On peut toujours se fondre en Inde, disparaître plusieurs mois, voire plusieurs années, puis réapparaître transformé, ou grandi. Des films sortent sur le thème du voyage initiatique, avec l'Inde en toile de fond. *Holy Smoke* (1999) de Jane Campion en est un exemple caricatural. L'histoire ? Il faut désenvoûter Nazni, une adolescente en crise piégée par une secte en Inde, et l'accompagner dans sa quête initiatique. Les amis de la jeune fille — de jeunes Australiens branchés — ne comprennent pas son engouement pour l'Inde et ce qui lui est arrivé là-bas. Nazni ne se drogue pas, contrairement à eux, qui fument du haschich toute la journée. Mais elle a quitté « psychiquement » sa culture. Momentanément ailleurs, elle s'affirme dans sa différence, s'échappant ainsi du roman familial. Sa mère va la chercher, mais est victime du choc culturel et est rapatriée le jour même ! Nazni la suit, car elle croit que son père est mourant (tous les moyens sont bons pour la sauver) et elle se retrouve dans son Australie natale, en sari, au milieu des émeus. Le « psychothérapeute désenvoûteur », auquel la famille fait alors appel et qui est tombé dans le même piège lorsqu'il était jeune, devra lui-même frôler la mort pour pouvoir la sauver. Mais l'Inde est en elle et Nazni finira par retourner vivre avec sa mère dans ce pays d'adoption. Elle s'y occupera d'animaux et sera assez forte pour ne pas retomber sous la coupe d'un gourou.

### *S'enfouir en Inde*

En Inde, on a le sentiment d'être chez soi. Cette étrange familiarité est due au fait que l'on s'y rend comme on irait chez ses grands-parents. On y retrouve le ronron de l'enfance, les habitudes, les rituels, une temporalité de bébé. L'Inde est un pays « sucré », où l'enfant qui est en chacun de nous règne à nouveau. C'est peut-être pour cela que l'on y va, pour s'y faire materner — nourri, transporté, logé, blanchi, massé —, pour combler nos carences affectives précoces d'Occidentaux mis à la crèche dès trois mois et élevés à la purée mousseline. « On ne sait aujourd'hui déterminer avec précision, écrit Hélène Stork, le moment auquel il serait le moins défavorable pour un bébé d'être séparé de sa famille. Aussi l'âge auquel il est convenu dans notre société d'imposer aux tout-petits la première séparation et de le sevrer est-il dicté davantage par les exigences du monde du travail ou par l'état de santé de la mère que par une véritable connaissance scientifique des besoin du petit enfant[1].» Ce qui expliquerait la fréquence des troubles fonctionnels ou psychosomatiques des enfants placés jeunes en crèche.

En Inde, les enfants sont gâtés. Leur mère les masse tous les matins et les allaite pendant au moins deux ans. On leur voue un véritable culte. Seuls les Indiens ont su immortaliser, avec le bébé Krishna, ce moment fugace de l'enfance, quand celui-ci, encore à quatre pattes, tend la main vers sa mère avant de faire ses premiers pas. Tout cela contribue «à donner à chaque Indien un solide optimisme, une cordialité et un pouvoir d'enthousiasme incomparable[2]». Dans la famille indienne, «le petit enfant est le tyran tout-puissant, sa mère est une servante obéissante et dévouée. C'est pour avoir savouré la première enfance dans une telle atmosphère de nid, chaude et tolérante, auprès de proches accédant au moindre désir de l'enfant que la sensibilité de l'Indien se montre si ouverte, si large, si intuitive et compréhensive [...] les Indiens ont une étonnante chaleur de sentiments, ils sympathisent d'emblée avec autrui et vibrent avec leurs semblables. Un contact émotionnel direct s'établit naturellement[3]».

Ce monde de la petite enfance est omniprésent

1. H. Stork, *Enfances indiennes. Étude de psychologie transculturelle et comparée du jeune enfant*, Paris, Centurion, 1986.

2. B. Médard, *Un psychiatre en Inde*, Paris, Fayard, 1971.

3. *Ibid.*

dans les faits et gestes et, me faisait remarquer une patiente, la nourriture a souvent l'allure d'une bouillie. On «patouille», on malaxe, on tripote les *chapatis*, le *tchai*, la cendre, ou la bouse de vache[1]. Tout cela sans complexe. Avec naturel. Par ailleurs, le sommeil en Inde est sacré… Il faut suivre son propre rythme. On dort donc n'importe où, n'importe quand, dès qu'on en ressent le besoin, comme un bébé qui se laisse emporter par le sommeil. En un sens, on se replie en dedans quelques minutes ou quelques heures, puis on repart naturellement vaquer à ses occupations.

L'Inde est un entre-deux-mondes, loin du tumulte et des contraintes de notre quotidien, qui convient parfaitement à cette période de la vie qu'est l'adolescence. Même si le pays est bruyant, grouillant, on a l'impression que rien ne bouge. Tout semble y être rythmé pour l'éternité. On prend le temps, le temps pour rien, le temps qui passe. On a le temps, avec des gens qui ont le temps.

On sait l'ambivalence des adolescents pour accepter de quitter définitivement le royaume intemporel de l'enfance. Le voyage ne serait qu'un moyen comme un autre d'y rester psychiquement. On pense aussi à Peau d'Âne qui, pour échapper à la proposition incestueuse de son

1. La bouse est utilisée pour ses propriétés antiseptiques dans la confection des sols des maisons et des enduits des murs.

père (il aimait tant sa femme décédée qu'il ne peut qu'épouser sa fille), revêt la peau de l'animal et s'enfuit pour aller vivre pauvrement au fond d'une ferme. Car voyager, c'est aussi fuir l'inceste et la problématique œdipienne. On veut échapper à ses pulsions incestueuses, mais aussi à la castration et au deuil de la toute-puissance infantile. C'est remonter le temps et le dépasser, aller plus vite à contre-courant pour l'empêcher de défiler. C'est courir dans le sens inverse du sens de la rotation de la terre pour essayer de fixer l'instant présent. Tout va trop vite dans le monde des adultes, tout s'accélère. Rester dans le lac de l'enfance ou plonger dans le torrent de la vie, malgré le « chant des sirènes maternelles », ultime effort pour retenir le temps et leur nouveau-né. Regard en arrière, nostalgique, au ralenti. Aller de l'avant. S'enfuir, se dessaisir de soi, de son histoire, de ses attaches, de ses proches. S'enfouir dans l'Inde maternelle, s'y dissoudre. Se laisser absorber par ce pays, c'est à la fois fuir sa mère et ses pulsions incestueuses, et les assouvir totalement. C'est encore choisir un entre-deux, un pays du jamais-jamais (jamais, jamais, je ne serai adulte), mais aussi du plus-jamais (plus jamais je ne serai enfant). Entre les deux mon cœur balance. La balançoire : c'est ce qui caractérise peut-être le plus l'Inde, la vie familiale indienne. Tout le monde se balance sur ces grosses balançoires en bois accrochées au plafond de la salle à manger ou de la véranda.

Nostalgie de l'enfance, balancier de la vie. Ambivalence sûrement, ivresse toujours.

Pour éprouver ce vacillement de l'intime, faut-il avoir des prédispositions, une tendance à l'autosuggestion par exemple, en faisant appel à la part d'hystérie qu'il y a en nous ? Ce qui implique qu'il y ait deux sortes de voyageurs, ceux qui freinent des quatre fers et les autres, bon public, qui se laissent porter par les événements. Car il y a plusieurs façons de voyager. L'une, dans sa bulle, au spectacle du monde, laissant au tour opérateur ou, quand on voyage seul, au *Guide du routard*, le soin d'apposer les limites. L'autre, à « l'épreuve du monde », des rencontres et du voyage intérieur qui l'accompagnent. Si l'un est balisé dans le temps, l'autre peut se prolonger plusieurs mois et confronte à des épreuves parfois déstabilisantes.

## *Le voyage en Orient*

Les adolescents sont des voyageurs plus fragiles que les autres, car ils attendent de cette expérience une transformation intérieure, un nouveau regard sur eux-mêmes et sur le monde. Ils sentent qu'il leur faut interroger les dieux sur leur destinée. Cette quête « ordalique[1] » se fera loin des parents et, si possible, en se mettant en

---

1. A. Charles-Nicolas, « À propos des conduites ordaliques. Une stratégie contre la psychose », *Topique*, 35-36, 1985, p. 207-229.

danger : les périples des adolescents sont rarement organisés; ils « marchent à l'étoile », comme dit Michel Maffesoli. Quoi de plus simple, alors, que de prendre un billet d'avion et de se laisser vivre quelque temps dans le *no man's land* de l'Inde, cette prolongation du monde de l'enfance où semblent s'être réfugiés les dieux, tous les dieux, de Ganesh, le célèbre dieu à tête d'éléphant, à Shiva, le dieu de la création et de la destruction, en passant par Kali, la vengeresse, mais aussi le Christ, Allah et Yahvé. Si l'Inde des mille et un dieux, des contes de fées et des aventures, est pour nous le symbole du voyage, c'est surtout parce qu'elle conjugue les deux voyages, géographique et intérieur.

Les jeunes gens dont je vais parler dans ce chapitre ont présenté à un moment de leur parcours un épisode psychiatrique aigu. Ils ont entre vingt et trente ans et cumulent les facteurs de risque. Il est possible que certains aient, au cours de ce voyage, fumé du haschich ou pris du LSD, ce qui a pu participer du déclenchement des troubles. On pourra alors avancer l'hypothèse d'une pharmacopsychose, c'est-à-dire d'une psychose provoquée par un toxique, quoique cela n'explique pas tout. D'autres avaient peut-être des antécédents psychiatriques, mais leur voyage n'était pas pathologique au sens strict du terme. Ils se portaient bien à leur départ et celui-ci n'était motivé par aucune idée délirante. Leur « pousse-au-voyage » prenait sûrement racine dans la crise et le vécu dépressif que traverse tout adolescent. Ils étaient fragilisés par leur quête et par le fait que, plus ou moins consciemment, ils attendaient d'être transformés par ce séjour en Inde. Leur curiosité les a parfois menés dans les coins les plus reculés du pays mais, la plupart du temps, ils ont terminé leur périple à Goa. Passé le cap du choc culturel, ils se sont confrontés à l'effet pathogène du voyage.

Ce « déracinement de leurs origines » et le fait de voir accomplis différents fantasmes, à l'œuvre dans tout déplacement mais accentué à cette période de la vie, ont pu leur faire éprouver le frisson de cette inquiétante étrangeté que l'on ressent quand fantasme et réalité se rejoignent. Certains basculent ainsi dans une sorte de mimétisme en s'habillant comme les Indiens, d'autres dans une exaltation démesurée, un délire, ou un effondrement mélancolique. Le fantasme, nous rappellent Laplanche et Pontalis, est un « scénario imaginaire où le sujet est présent et qui figure, de façon plus ou moins déformée par les processus défensifs, l'accomplissement d'un désir, et, en dernier ressort, d'un désir inconscient[1] ». On retrouve ainsi non seulement les fantasmes originaires de retour à l'utérus maternel et de l'omnipotence infantile dont nous avons déjà parlé[2], mais aussi le fantasme de

1. J. Laplanche, J.-B. Pontalis, article « Fantasme » in *Vocabulaire de la psychanalyse*, Paris, PUF, 1988, p. 523.

2. A. Barbier, *Les Fantasmes originaires*, Toulouse, Privat, 1986.

dépassement du père, que Freud nomme le fantasme du roman familial (1909), et par lequel « le sujet modifie imaginairement ses liens avec ses parents ». Car voyager, c'est à la fois se soustraire à leur regard et à leur emprise, mais aussi rechercher les parents imaginaires à la hauteur des idéaux de l'enfance (le gourou ?). Il s'agit aussi d'aller plus loin que le père, là où il n'est pas allé et n'ira jamais — d'où les conduites à risque fréquentes à cette période de la vie. Enfin, il ne faut pas oublier le fantasme de la scène primitive, à l'origine de toute quête de savoir et qui anime tout voyage. L'ambivalence qui anime ainsi nos voyageurs, qui ressentent à la fois angoisse et bien-être, peur et attirance, est le reflet de l'existence sous-jacente de ces fantasmes[1]. Fragilisés par l'Inde, le climat, les prises de toxiques et l'adolescence, ils ont réuni un maximum de facteurs de risques explosifs.

Certains n'ont pas pu mettre un terme à ce qui n'aurait dû être qu'un *passage* en Inde. Ils sont restés là-bas. L'ont-ils choisi ? Ou s'agissait-il d'une initiation ratée ? Nous verrons avec Shanti le cas d'une femme qui passe au travers de sa psychose pour ensuite s'inscrire — mais à quel prix ! — dans le monde indien. Car toute initiation implique une fin et un retour. Elle doit parfois être validée par un passeur originaire de la même culture qui saura mettre un terme aux

1. L.-C. Guillerm, B. Marc, « Voyage en mer et fantasmes », *Synapse*, 107, 1994.

épreuves et aux aventures qui tournent mal. Ce passage prendra ainsi un sens et fera trace dans l'histoire du sujet. J'ai essayé de jouer ce rôle en adoptant le parti-pris « philosophique » d'une co-initiation. La position psychiatrique ou psychanalytique aurait pu m'enfermer dans des attitudes d'écoles inadaptées sur le terrain. Ce qui compte dans tout accompagnement psychique, c'est « l'être-là » du thérapeute. Dans ces moments, pour être vraiment à l'écoute et efficient, il faut oublier la théorie (et le fantasme de toute-puissance qui s'y rattache). C'est seulement à ce prix que l'on est thérapeutique. Il faut parler vrai et sonner juste — et tout particulièrement avec les adolescents. De cette place de « passeur » entre l'Inde et l'Occident, sur laquelle je reviendrai plus loin, je me suis interrogé sur ce voyage en Orient qui inspire notre culture — et nos adolescents — depuis tant de siècles. Car l'Inde a toujours eu une fonction d'aimant lors des grandes migrations occidentales (croisés, marchands, colons, hippies, touristes). Ce tropisme naturel pour ce sous-continent nous interroge sur le regard et le fantasme de notre culture à son égard.

### *Seventy-two Shiva shamboo*

Je rencontre Betty, une jeune femme de vingt-quatre ans, dans un ashram de Goa au cours d'une mission médicale préventive. Sale, couverte d'hématomes, elle déambule toute nue dans le jardin. Elle passe d'une personne à l'autre, les touche du bout des doigts et marmonne des propos décousus en allemand et en anglais, y mêlant des mots hindous. Tout en allant ainsi, de droite et de gauche, elle tient devant son visage l'un de ses bras, gonflé par un abcès. Parfois, elle crie en tripotant la plaie avec son index imbibé de salive qu'elle porte ensuite à l'aile du nez, là où les Indiennes se mettent un bijou. Elle n'est pas confuse, mais présente un état dissociatif avec des troubles importants du langage. On a l'impression qu'elle veut communiquer : elle penche alors la tête, écoute les questions, ébauche une réponse inaudible, puis replonge dans son délire. « Seventy-two Shiva shamboo », répète-t-elle comme une litanie. Soudain, elle se met à rire, cligne des deux yeux à la fois, puis fait des propositions sexuelles aux hommes alentours. Les Indiens partent en s'esclaffant comme des enfants. La présence de ce public impressionné mais curieux accentue ses troubles du comportement. Son humeur est euphorique, ce qui contraste avec le contenu de son discours (quand elle s'exprime en allemand), qui est dépressif avec des idées suicidaires. Au cours de la journée, elle présente aussi quelques hallucinations visuelles et auditives.

Les troubles ont débuté deux mois auparavant et ont déjà nécessité deux hospitalisations à l'hôpital psychiatrique de Panjim, la capitale de l'État de Goa. On a alors constaté une amélioration passagère. Betty semble isolée, car on ne sait rien de ses amis et nous évoquons l'hypothèse d'une rupture affective qui aurait pu être à l'origine de cet état. Une possible prise de LSD, un contexte socio-familial difficile (sa mère est morte et son père est inconnu) et le déracinement brutal occasionné par ce premier voyage en Inde, semblent à l'origine des troubles.

Quelques jours plus tard, sous traitement neuroleptique, les troubles du comportement régressent. Betty arrive par moments à avoir une conversation suivie, mais ne communique pas vraiment. Elle évoque toutefois son souhait de rentrer chez elle. Grâce au personnel de l'ashram, Betty est surveillée toute la journée, mais vu les précédents et la persistance d'une partie de la symptomatologie, son rapatriement accompagné est décidé.

Dans l'avion, elle est plus enjouée et se dit rassurée de rentrer chez elle. Excitée, elle discute avec les uns et les autres, fait des allers-retours fréquents d'un bout à l'autre de l'appareil. Elle se met alors à raconter à qui veut l'entendre ses aventures en Inde. Elle me parle un peu de sa vie, mais évite de répondre à la plupart des questions que je lui pose. J'apprends néanmoins qu'elle a déjà été hospitalisée une fois en psychiatrie. Elle insiste ensuite, comme une petite fille capricieuse, pour aller dans la cabine de pilotage. L'équipage l'aime bien et trouve que nous formons un couple charmant. L'hôtesse lui donne le feu fert malgré mes gros yeux. Je n'insiste pas et la laisse embrasser le pilote.

À l'arrivée, son comportement change brutalement : d'un coup, elle se calme, son regard devient grave et elle reste à mes côtés sans rien dire. Tout au long du trajet jusqu'à l'hôpital, elle me décrit sa ville. Je la laisse peu après, anxieuse, dans le service. Un mois plus tard je reçois une carte postale qui représente un tableau avec deux triangles isocèles, sommet contre sommet dont un est homogène, coloré en vert avec des limites précises et l'autre graphité aux limites floues. Betty m'apprend qu'elle est toujours hospitalisée, mais qu'elle sortira bientôt. Elle prévoit de retourner en Inde.

Mais Betty ne reviendra pas. Une nouvelle vie l'attendait, une vie à organiser, une vie à vivre — loin de Goa.

## *L'idée de l'Inde*

L'Inde a toujours été le symbole du grand voyage et du merveilleux, d'Alexandre Le Grand à Marco Polo, mais aussi de l'âge d'or, à l'abri des famines et des épidémies, au moment du Moyen Âge européen. À cette image mythique s'oppose une image plus récente, celle de la misère et des famines, qui répondrait « à notre secret besoin d'être assuré que quiconque ne pense pas comme nous et nous propose "une philosophie" différente de la nôtre, doit le payer et qu'il le paye d'autant plus cher qu'il ébranle plus profondément notre sécurité[1] ».

Chaque époque y retrouve ses fantasmes : c'est d'abord l'Inde des rois mages, des pierres précieuses et des épices, puis le pays des origines de la civilisation et des grands systèmes de pensée. Pour le début du XXe siècle, c'est l'Inde des fakirs, des maharadjahs et des animaux sacrés, et depuis les années 1960, celui des gourous, de la route et de la drogue. Elle se pose toujours comme une sorte de négatif de l'Europe. C'est en quelque sorte le voyage à travers le miroir, d'*Alice au pays des merveilles* de Lewis Carrol, ou la descente aux enfers dans *Orphée* de Jean Cocteau, comme le pays de « nulle part » de Peter Pan.

Ce peut être l'Inde du touriste, mais c'est depuis toujours le pays des pèlerinages. « En quel pays du monde les routes voient-elles passer plus de pèlerins qu'en Inde ? Il semble même que, reliant temples à temples, elles ne soient faites que pour eux[2]. » Les Occidentaux n'y sont que quelques pèlerins de plus. C'est le voyage en Orient des romantiques du XIXe siècle et des années 1960, vers nos origines, culturelles et individuelles. Car « ce vieux pays neuf donne le sentiment de sortir des eaux de la création. Il ne

1. P. Amado, « Réalités de la civilisation indienne », in *Inde*, Paris, Hachette, coll. « Guides Bleus », 1986.

2. G. Deleury, *Toukaram, ou Les Psaumes du pèlerin*, Paris, Gallimard, 1989.

représente ni le passé, ni le futur de l'humanité, mais son bain originel[1] ».

À quoi tient cette sorte d'envoûtement que l'Inde exerce sur nous ? « Belle ou terrifiante, elle nous influence par tous ses aspects comme si une parenté viscérale nous liait, nous unissait depuis toujours[2]. » Et l'Occidental l'appelle vite lui aussi « Mother India », celle qui « peut tout vous donner, mais aussi tout vous reprendre[3] ». C'est le pays où l'on peut renaître à soi-même et aux autres, car ici tout semble possible. On y ressent ce « sentiment océanique » d'« union intime avec le Grand Tout, d'appartenance à l'universel » dont parle Freud dans *Malaise dans la civilisation*, car les limites du moi deviennent incertaines. Cette dimension régressive fait qu'on se sent tous des enfants dans cette civilisation maternelle. Pourtant, la relation à ce pays est totalement ambivalente. Le sentiment d'amour laisse place du jour au lendemain à un sentiment de haine, le « tout est possible » devient « le tout impossible », et le « renaître », recherche d'autodestruction. Ainsi, ce voyage en Orient qui s'érige à la fois en initiation et

1. P. Bruckner, *Parias*, Paris, Le Seuil, 1985.

2. V. de Golish, *L'Inde impudique des maharajahs*, Paris, Robert Laffont, 1973.

3. D. Saada, *La Fin des chemins de Katmandou. À propos de toxicomanes français observés dans le cadre de l'ambassade de France en Inde*, Mémoire pour le CES de psychiatrie, Université Paris-Val-de-Marne, faculté de médecine de Créteil, 1986.

mise à l'épreuve de soi ne va pas sans quelques dangers psychiques.

Il opère dans l'espace-temps, ramène l'individu au point le plus profond de son être et le métamorphose. « Tout voyage est ainsi, suivant un unique itinéraire, voyage vers "le centre" de l'objet de la quête, et voyage au centre de soi-même. Les succès et les échecs survenus en cours de route ont une égale importance et sont également nécessaires à cette élaboration de l'homme qui doit, obéissant à l'injonction plotinienne, tailler sa propre statue[1]. »

Pour les Français du XIXe siècle, le voyage en Orient semble avoir été un rite « obligé ». On y retrouve Chateaubriand en 1806, Lamartine en 1832, Nerval en 1842, Maxime du Camp seul, puis avec Flaubert, en 1844 et 1849, Théophile Gautier en 1852, etc. — même si certains n'y sont jamais allés ! C'est pour eux « un voyage rituel, symbolique, initiatique, l'envers même du voyage scientifique. L'Orient n'y est pas cherché pour ce qu'il est. Mais, bien au contraire, le voyageur, égocentrique, y est en quête d'une sorte de "part orientale" de lui-même [...] L'Orient est un palimpseste dont le décryptage permettrait de retrouver le signe enfoui, la clef perdue d'une compréhension, jusque-là impossible, de la culture occidentale[2]. »

---

1. M. Brion, *L'Allemagne romantique. Le voyage initiatique*, Paris, Albin Michel, 1977.
2. J. Arveiller, « Haschich, romantisme et voyage initiatique », *L'Information psychiatrique*, 66 (5), 1990, p. 493-504.

On retrouve cette même quête chez les hippies des années 1960, qui ont influencé dix ans plus tard toute une génération « romantique » en révolte. Ils se sont posé la question de rester dans une société « délétère » ou d'en partir définitivement, car plus qu'une simple initiation qui implique une rupture momentanée avec la société d'origine, il y avait dans ce mouvement un refus du retour pour créer une « autre société ». C'était une tentative d'immersion dans le monde indien, voire de fusion dans cet ailleurs idéalisé en réaction à la culture d'origine, car « il faut être soi-même malade ou s'efforcer à le devenir pour s'adapter à une société malade[1] » et « dans un mouvement de révolte passive, ils ont laissé choir famille, école, activité professionnelle et l'échelle traditionnelle des valeurs pour créer en dehors de notre monde technologique une nouvelle société et y mener avec leurs "pairs" une vie communautaire sans contrainte [...] et non-violente[2] ». Ils sont à la recherche d'un monde où l'idée de la mort doit être évitée. « La drogue vient à point pour calmer leur angoisse et leur permet de fuir la réalité. Elle offre l'excitation de l'interdit, un moyen de révolte et de cohésion du groupe[3]. »

1. G. Devereux, *Essai d'ethnopsychiatrie générale*, Paris, Gallimard, 1970.

2. M.-C. Mouren et *al.*, « Le vagabondage : aspects psychologiques et psychopathologiques », *Annales médico-psychologiques*, 2 (3), 1977, p. 415-447.

3. *Ibid.*

Il ne faut cependant pas amalgamer toxicomanies et mouvement hippie, bien qu'elles puissent y être associées à des degrés divers car « pour le hippie, l'usage de cannabis et des hallucinogènes reste un moyen conscient et maîtrisé. Évitant par les drogues utilisées la dépendance physique, il choisit cette démarche. Il n'est donc pas un drogué. […] En effet, la drogue n'est pas indispensable, elle est pour certains un moyen de connaissance psychédélique unique, pour d'autres le moyen d'abolir l'agressivité innée considérée comme une entrave à une civilisation harmonieuse […] Cette philosophie qui a pris naissance dans les années 1960 avec la formation des premières communautés hippies (de l'argot *hipster*, initiateur) est à la fois espoir en l'homme, la nature, Dieu et refus de l'aliénation matérialiste, révolte non violente et quête du bonheur[1] ». Elle a trouvé en Inde un Éden adapté à ses idées. Le retour au paradis perdu.

Ces initiateurs hippies ont réussi à faire admettre par la culture dominante certaines de leurs idées et ont réintroduit une tradition initiatique du voyage en Orient. Ils comblent ainsi une lacune de notre organisation sociale, occidentale, où l'homme appartient à une société structurée autour d'un noyau de rapports impersonnels et morcelés, où tout le monde communique (par internet) mais où personne ne se

1. H. Loo, « Toxicomanies actuelles », *in* J.-M. Roux, *Toxicomanies*, Paris, EMC, 1983.

parle, et dont le dénominateur commun est le travail, nouvelle forme de religion.

Mais revenons au voyage initiatique qui, s'il doit permettre une critique sociale, n'en implique pas moins un retour et une réinscription dans la culture d'origine.

La tendance radicale a pratiquement disparu et pour les « initiés d'Inde », ce n'est plus qu'un passage fortement influencé par le mouvement hippie et ses dominantes qui rappellent les rites initiatiques traditionnels : la route et le dénuement, le vagabondage, la vie en communauté, la fête, les expériences psychodysleptiques (modifications de conscience par le biais d'hallucinogènes), la transgression des lois (refus des frontières, et donc du passeport, usage de drogues).

Si l'on parle de vagabondage, il faut remarquer « la différence essentielle entre vagabonds et hippies qui réside dans le désir d'isolement des premiers, et l'appartenance à une communauté des autres. Le vagabond séjourne parfois dans des "communautés hippies" qui constituent pour lui des "milieux de survie[1]" lui offrant une structure lâche qui satisfait son besoin de fuir l'ordre et l'organisation pour un temps, mais finit par réveiller son angoisse[2] ».

---

1. M. Sutter, *Le Déséquilibre psychique*, Paris, PUF, 1969.

2. M.-C. Mouren et *al.*, « Le vagabondage. Aspects psychologiques et psychopathologiques », *Annales médico-psychologiques*, 2 (3), 1977.

J'ai rencontré Rena lors de ma première mission à Goa en compagnie de mon prédécesseur au consulat.

Notre correspondant local, le père Anand qui s'occupe d'un lieu d'accueil pour Occidentaux en difficultés, nous accueille sur la plage de Vagator, au cœur du Goa *freak*, la « scène » branchée. Nous n'avons pas le temps de boire un *lemon tea* (une infusion de citronnelle), sa spécialité. En effet, il faut aller de toute urgence au village de Chapora, où lui a été signalée une *flip out* : une Française de vingt-six ans qui délire depuis une semaine. Il enfourche son scooter et fonce, cheveux gris et soutane au vent. Nous le suivons sur les vieilles motos Emphield que nous avons louées en arrivant à Calangute, où nous avons établi notre QG, une ancienne maison goanaise louée aux psychiatres du consulat depuis des années. Le paysage défile : des rizières, des bougainvilliers, des vaches… et nous arrivons, après dix minutes d'un chemin de latérite rouge truffé de nids-de-poule, souvenir d'une forte mousson.

Sur les lieux, une belle bâtisse coloniale, nous trouvons un groupe de jeunes gens en cercle autour d'un Suisse d'une quarantaine d'années. Dans cette maison décorée d'étoiles, pendent des lits balançoires en bois sculpté accrochés au plafond. Des pachas s'y prélassent sur fond de musique techno. Le visage défait par des semaines de fêtes et d'abus, ils suivent du regard un joint qui circule. Dehors, une moto démarre sous une cabane de bambou juchée au sommet d'un arbre. Rena n'est pas là, elle est descendue à la plage. Ses « amis » sont à bout de nerfs : elle a essayé de donner un coup de couteau à l'un d'entre eux et, nous dit-on, « provoque les femmes en essayant de séduire leurs amants ». Elle ne dort pas depuis une semaine et passe ses nuits à écrire.

Nous allons la retrouver au village, où elle boit un *tchai*, le thé indien au lait et aux épices, à la terrasse d'un café. Rena s'exprime avec des gestes saccadés et, dans un premier temps, refuse de nous parler. Nous nous attablons et commandons des gâteaux. Elle se calme et vient nous rejoindre peu après. Elle exprime alors un délire flou, peu structuré, à thèmes mystiques, ésotériques. Après que nous l'ayons raccompagnée chez elle, elle tente à plusieurs reprises de nous intimider, nous menaçant avec ses poings. Parfois, elle s'interrompt, tend l'oreille à un interlocuteur imaginaire, puis lui répond, à moitié en français, à moitié en anglais. Soudain, effrayée par des visions qui la laissent perplexe, elle s'agite de nouveau, court dans tous les sens et déverse un flux de paroles incompréhensibles. Nous lui expliquons qu'elle doit nous suivre pour se reposer et que nous l'aiderons ensuite à organiser son retour en France. Elle fait d'abord semblant de ne pas comprendre, puis accepte de venir avec nous. Elle semble rassurée par notre présence et peut-être aussi parce que nous lui donnons l'occasion de fuir ses persécuteurs imaginaires. Elle continue néanmoins de nous provoquer. Elle connaît le père Anand et semble contente d'avoir deux psychiatres pour elle toute seule. Arrivée dans notre maison, elle s'endort aussitôt.

Au matin, Rena semble aller mieux, mais est toujours très réticente. Souriante, elle nous nargue en minaudant. Dans l'avion qui nous ramène à Bombay, le contact s'établit peu à peu. À l'arrivée, elle plaisante et n'exprime plus d'idées délirantes. Nous décidons de la garder dans notre appartement, qu'elle entreprend immédiatement de décorer. Cependant, elle ne veut pas parler d'elle et reste dans un registre superficiel. Dans la nuit, mon prédécesseur nous quitte avec sa famille. Il rentre définitivement en France et me laisse pour quinze jours son appartement, dont le bail se termine. Je tente de dormir malgré la chaleur, car je dois passer le lendemain à l'agence immobilière pour visiter une maison.

À six heures, le réveil est brutal : Rena est en train de frapper la servante avec un goupillon, persuadée que celle-ci « manigance un mauvais coup »... En pleurs, la servante me demande son solde : elle n'en peut plus, me dit-elle, de l'agressivité et du racisme des Occidentaux à son égard. Il faut lui expliquer, et ce n'est pas évident, que Rena est malade, que ce n'est pas de sa faute. Quelques minutes plus tard, Rena vient s'excuser. « I'm crazy, excuse me ! », lui lance-t-elle. Ensuite, je lui interdis de rentrer dans la cuisine et elle ira coucher ce soir à l'hôtel. En cas de problème, je la préviens que je n'hésiterai pas à la faire admettre à l'hôpital psychiatrique public du coin qui n'a rien à envier à nos hôpitaux psychiatriques, au début du XIXe siècle. Par la suite, tout se passe pour le mieux. De nouveau calme, cohérente, elle fait ses derniers achats et critique son état de ces dernières semaines. J'apprends qu'elle est arrivée un mois et demi auparavant et que, lors de son précédent séjour à Goa, deux ans plus tôt, elle a fait un épisode délirant (sans suivi psychiatrique ultérieur). Son amélioration soudaine me surprend, car il faut d'habitude une bonne semaine de traitement neuroleptique pour calmer ce type de délire aigu. Je mets cela sur le compte du traitement, de la séparation du milieu pathogène (« je jouais un peu avec eux », me confie-t-elle) et surtout du rapatriement en tant que tel. Elle s'envolera donc seule quelques jours plus tard pour Paris avec une lettre de recommandation pour un psychiatre. Avant de partir, elle m'offre en cadeau un *longhi* et me confie de l'argent pour payer ses dettes au père Anand.

Quinze jours plus tard, je reçois de ses nouvelles : une simple carte dans laquelle elle me remercie, me dit qu'elle va bien et qu'elle n'a donc pas vu de psychiatre. Elle écrira plus tard une autre lettre, plus longue : « L'Inde reste un pays pas comme les autres pour moi. J'ai besoin de temps en temps de recevoir des "claques", des impressions fortes pour me remettre un peu tout dans le bon ordre. Le voyage a été pour moi l'école de la vie [qu'elle compare à la guerre vécue par sa mère]. Je crois que si on devait trouver un côté positif à la guerre, c'est bien celui de pouvoir discerner l'essentiel du reste. » Et c'est ce qui semble se passer en Inde. Une sorte de cataclysme affectif dont le sujet sort transformé. Après une rechute qui nécessitera tout de même une hospitalisation d'un mois, les troubles de Rena disparaîtront. Elle reprendra son travail, ne gardera de l'Inde que de bons souvenirs et, comme tant d'autres, y retournera passer des vacances.

### *Raver l'Inde : Goa*

Point chaud de notre secteur, Goa est situé à six cents kilomètres au sud de Bombay. C'est une étape obligatoire pour les touristes qui visitent l'Inde du Sud. C'est également la base, pendant la belle saison, de novembre à mai, d'une importante colonie occidentale que les Indiens continuent d'appeler « hippies » depuis leur apparition dans les années 1960. Ils ont choisi cet endroit, car Goa a tout du paradis terrestre. C'est depuis quelques années la destination de charters déversant des flots de touristes qui n'y restent qu'une semaine et viennent

« consommer » ces plages de sable fin bordées de cocotiers. De même, le phénomène des raves, ces grandes fêtes techno, s'est popularisé et de nombreux jeunes adeptes de la *Goa transe* ne viennent là que pour y participer. L'« esprit » de Goa s'est dénaturé depuis l'arrivée de ce tourisme de masse, alors que des années de passage de routards (qui restaient parfois plusieurs mois) n'avaient pas changé en profondeur la structure sociale de sa population. Il y a maintenant de plus en plus de délinquants venus de toute l'Inde. Par ailleurs, les revenus de ce tourisme profitent aux investissements de Bombay ou de Delhi et non aux locaux.

L'arrivée des hippies coïncida avec la décolonisation de cette petite enclave portugaise : en effet, l'Inde l'a repris par la force en 1961[1]. Profondément marquée par ces colonisateurs lusitaniens, la population goanaise refusa son incorporation à l'État voisin du Maharastra par un référendum en 1968. Elle fait maintenant partie d'une union territoriale qui regroupe les anciennes possessions portugaises et qui comprend, outre Goa, les petits territoires de Daman et Diu dans le Gudjarat. Pour comprendre cette résistance au nouvel occupant indien, il faut rappeler que la politique officielle portugaise encouragea très tôt le métissage afin

1. Ce territoire occupé était la capitale de l'empire portugais oriental depuis sa conquête par Alfonso Albuquerque en 1510.

de repeupler les colonies. « Cependant, pour que les mariages soient valides, les femmes devaient être baptisées. Politique de peuplement et prosélytisme étaient ainsi intimement mêlés[1]. »

Ainsi, quand les premiers hippies sont arrivés à Goa, ils ont été surpris de trouver des Indiens aux noms évocateurs comme Rosario ou Miranda. Ils parlaient un mélange de portugais et de konkani, le dialecte local, dans un décor d'églises aux allures de pièces montées. Dans cette région riche et non surpeuplée, ils pouvaient facilement communiquer avec une population plus proche de leur culture. Ils pouvaient même partager une nourriture européanisée. Ils retrouvaient ainsi quelques points de repères et une forme de cohabitation impossible ailleurs en Inde. Il faut y ajouter une tolérance surprenante des habitants et un statut économique particulier de port franc avec ses conséquences, en particulier la contrebande.

Le rapport particulier des Goanais à la loi a favorisé l'entente avec les nouveaux arrivants, qui avaient eux aussi à débattre avec elle, dans leur pays d'origine (vente de papiers d'identité et utilisation de drogues illicites), mais aussi dans leur pays d'accueil (séjours irréguliers après l'expiration des visas et trafics divers : d'or, de matériel occidental, change d'argent au noir).

---

1. F. Scheid, *Étude transculturelle à Macao*, thèse de médecine, Université René-Descartes, faculté de médecine Necker-Enfants-malades, 1988.

Le plus étonnant, c'est que fuyant l'Occident, son mode de vie, sa religion, ils ont trouvé refuge dans une société qui est une véritable caricature du catholicisme, avec un rôle prédominant de la famille et de la religion. Si l'on compare cette migration romantique depuis les années 1960 à une sorte de crise d'adolescence de la société occidentale, on peut dire que la jeunesse européenne s'est réfugiée chez des grands-parents éloignés pour des grandes vacances au bord de la mer.

En effet, Goa est le paradis tel qu'on se l'imagine en Europe. Il est accessible aux plus démunis puisque l'on peut construire des huttes sur les plages si l'on n'a pas de quoi se payer une de ces maisons coloniales aux volets en coquillages, perdues parmi les bougainvilliers, les cocotiers et les arbres à noix de cajou. Elles se louent pour quelques centaines de francs par mois aux Occidentaux qui les réservent d'une saison à l'autre. Les plus jeunes s'y regroupent et créent ainsi de véritables « maisons d'adolescents ». Deux principaux événements rythment la vie des Occidentaux à Goa, le marché aux puces et les raves. Véritables bacchanales, elles débutent tard le soir et durent jusqu'au lendemain midi. Le Flee Market a lieu une fois par semaine sur la plage d'Anjuna et dure toute la journée. C'est un moment de rencontres et d'échanges d'informations, en particulier pour savoir où et quand aura lieu la prochaine fête.

D'autres lieux « magiques » ont été investis à

certaines périodes : les ruines de Hampi, à trois cents kilomètres de là, les plages du Kérala (Trivandrum), le Rajastan (Pushkar) et, plus récemment, Gokarn, dans le Karnataka. Elles ont servi de bases de rencontres aux Occidentaux qui faisaient la route, mais nulle part n'a été aussi longtemps tolérée leur sédentarisation. Le seul endroit équivalent où des « colonies » d'Occidentaux ont pu s'installer se trouve au nord de Delhi, dans la région de Kulu et Manali, où les Européens ont contribué à y développer la culture intensive du cannabis.

Au moment de la mousson, il y a encore quelques années, des centaines d'Occidentaux quittaient Goa pour prendre leurs quartiers d'été dans ces vallées tempérées. Ils restaient ainsi de nombreuses années en Inde, vivant de commerces plus ou moins légaux, migrant au gré des saisons. Cependant, la nouvelle législation indienne sur les visas a fait disparaître ce mode de vie : seuls quelques irréductibles prennent le risque de faire plusieurs mois de prison et de payer des amendes importantes pour rester à temps plein en Inde.

Même si les choses ont changé, Goa est toujours Goa et attire plus que jamais les voyageurs du monde entier. Ce n'est plus le bout de la route après des semaines d'aventures, mais un lieu où l'on arrive par charters. Si les junkies s'y font rares, les raves gratuites, arrosées de LSD, d'ecstasy et de haschich, continuent de plus belle. Il y a encore des « flippés », mais peu, comparé aux années 1970.

Les adolescents y trouvent toujours leur compte, car Goa est la terre du « never, never, land », ce pays où Peter Pan emmène les enfants perdus. Dans cette terre de nulle part, nous dit James Barrie, la seule loi est de ne jamais dire « maman » et de tourner en rond les uns derrière les autres dans le même sens, sans jamais s'attraper. Il y a dans toutes les sociétés humaines un pays du jamais-jamais, un endroit sans temporalité et sans loi symbolique. Ainsi, pour l'Occidental, Goa représente ce lieu, un pays hors temps, où des centaines de Peter Pan locaux y dansent et tournent en rond.

Si les garçons s'habillent comme Peter Pan[1] (pantalons moulants et chapeau de manali) et « volent » grâce à leurs motos Emphield, les filles ressemblent à la fée Clochette avec leurs habits transparents et le tintement des bracelets indiens. Et tout comme Peter Pan, ils refusent de grandir. Dans l'histoire, Peter Pan s'est en effet envolé par la fenêtre peu après sa naissance, car sa mère ne l'avait pas pesé : il n'avait donc pas de poids, traduction symbolique du narcissisme primaire. Quand il revient quelque temps plus tard, la fenêtre est fermée et un autre enfant a pris sa place. Il décide alors de ne jamais grandir.

Il ne faut pas oublier le méchant : le capitaine

1. Peter Pan, en grec, signifie « tout », dans le sens de la toute-puissance.

Crochet (et ses complices dont un est originaire de Goa ! « le bel italien Cecco qui découpa son nom en lettres de sang sur le dos du gouverneur de la prison de Goa[1] »), incarné à la grande époque par le personnage de Georges, lui aussi mal « lesté » à la naissance, qui tuait les « enfants perdus ». Mais le méchant peut-être aussi la drogue qui « accroche ». « Ainsi, les trois petits terrorisés apprirent-ils la différence entre une île imaginaire et la même île réelle[2]. »

Il y a encore quelques années, la plupart des voyageurs arrivaient à Bombay et, de là, prenaient le moyen le plus économique pour se rendre à Panjin, la capitale : le bateau, qui accentuait l'aspect île de Goa. Ils mettaient vingt-quatre heures à parcourir les six cents kilomètres qui séparent les deux villes. Le voyage avait l'allure d'une mini croisière, dans une atmosphère de foire où chacun se battait pour avoir un bout de pont. On payait un porteur au départ qui, tout habillé de rouge, une plaque de cuivre sur le torse, se battait pour garder, en disposant des tissus, un territoire que l'on défendait ensuite seul jusqu'à l'arrivée. Ce « passage » faisait une transition qui amortissait le choc culturel des jeunes arrivants occidentaux.

J'ai pris quelquefois ce bateau, et c'était de loin le mode de transport que je préférais. Il

1. J. M. Barrie, *Peter Pan*, Paris, Gallimard, coll. « Folio Junior », 1988.

2. *Ibid.*

m'avait permis au début de mon séjour de tisser des liens avec des « anciens » de Goa que je n'aurais sinon jamais rencontrés. L'occasion en fut un événement surprenant qui n'avait pas l'air d'inquiéter les autres passagers : en fin de soirée, un Indien d'une cinquantaine d'années avait, dans l'indifférence générale, sauté à la mer (peut-être pour se suicider). Les Indiens nous ont alors expliqué que si nous prévenions le commandant, cela nous ferait prendre du retard ! C'est pourtant ce que nous avons fait, surpris par un tel comportement. Le commandant nous a expliqué qu'il était de toute façon trop tard pour agir. Il faisait nuit et c'était sans doute le destin de cet homme de mourir noyé : sa prochaine réincarnation serait meilleure. Comme nous le voyons encore dans cet exemple, la confrontation à la mort est omniprésente dans ce pays. C'est peut-être ce qui accentue l'aspect initiatique du passage en Inde. Cela permet de comprendre pourquoi je voyais arriver au consulat des patients délirants couverts d'infection, amaigris par des semaines, voire des mois d'errance jusqu'à ce que des touristes veuillent bien les prendre en charge, car parfois « l'Inde est un gouffre d'indifférence dans lequel tout est noyé[1] ». Dans la plupart des cas, il fallait attendre que les *flip out*, comme on les appelait, arrivent à Goa, où le plus souvent ils échouaient après leur périple dans le reste de l'Inde, parfois

1. M. Duras, *Le Vice-Consul*, Paris, Gallimard, 1966.

envoyés par des Indiens pour que des membres de leur « caste » s'occupent d'eux. Ils passaient tout d'abord inaperçus, vu la coutume locale qui fait de l'excentricité un mode d'être au monde et l'extrême tolérance (ou indifférence) des Indiens à leur égard. Dans un deuxième temps, des compatriotes essayaient de leur venir en aide, mais, impuissants, les abandonnaient vite à leur triste sort. Ils erraient ainsi hallucinés sur les plages, et faisaient partie au bout d'un certain temps du théâtre permanent que formait le défilé d'Occidentaux accoutrés en flibustiers, fakirs, sultans, etc. Les plus philanthropes prévenaient le personnel de l'ashram de Vagator, ou nous contactaient directement au consulat de Bombay.

La plupart des troubles psychiatriques chez les Occidentaux apparaissaient à la fin de la saison touristique, vers le mois d'avril-mai. Un proverbe du cru dit qu'alors « les flippés tombent comme les mangues », car c'est l'époque (étouffante, de pré-mousson) où l'on récolte ce fruit.

J'ai effectué une mission tous les deux mois environ à Goa pendant mon séjour en Inde. Mon arsenal thérapeutique comprenait quelques « contacts » sur les plages principales où se concentraient les étrangers, beaucoup de temps et, surtout, l'ashram de Vagator que j'utilisais comme centre de crise.

*Christian d'Arrambol*

Au printemps, on m'informe qu'un Français, Christian, arrivé en Inde quatre mois plus tôt, présente de graves troubles psychiatriques sur une plage du nord de Goa, Arrambol. C'est Christian lui-même qui a demandé qu'on prenne contact avec moi. Les symptômes qu'on me décrit associent dénutrition, mutisme, mauvais état général et incurie. Au début de son séjour, Christian était en parfaite santé, puis son état s'est peu à peu dégradé. Il est de plus dans une situation illégale puisqu'il n'a pas renouvelé son visa. Il dort mal, a des « terreurs nocturnes » selon ses propres termes, et ne se nourrit plus depuis bientôt deux mois. Christian utilisait régulièrement du haschich et aurait pris deux fois du LSD, ce qui a pu être un facteur déclenchant.

Arambol est une plage un peu à l'écart de la scène goanaise, au nord de l'État de Goa, où vit à la belle saison une colonie d'Occidentaux. Cet endroit que l'on atteint après avoir passé à l'aide d'un bac deux bras de rivière permet de vivre à la Robinson Crusoé. Il est en effet situé dans la jungle, à la fois au bord de la mer et d'un lac d'eau douce. Quelques sources permettent d'y vivre en autarcie. Depuis les années 1970, les hippies s'y retrouvaient, mais préfèrent vivre maintenant à une centaine de kilomètres dans le sud, à Gokarn.

Sur place, je rencontre un jeune homme d'une

vingtaine d'années, amaigri, avec de nombreuses plaies aux jambes. Son ami m'explique qu'il s'est blessé au début de son séjour avec le pot d'échappement de sa moto de location. Christian prononce quelques paroles d'une voix faible et monocorde. Il est visiblement content de me voir. Parfois, il s'arrête au milieu d'une phrase, ce qui traduit des troubles du cours de la pensée, mais ce qui m'impressionne le plus est sa profonde tristesse. Il se dit indigne de l'affection de ses proches, et culpabilise de ne pas avoir aidé sa famille à la mort de son père. Dans la journée, Christian est ralenti, mais présent, alors que dès la tombée de la nuit (brutale sous les Tropiques), il s'inquiète, se demande où il est et ce qui lui arrive. « Je n'y comprends plus rien », dit-il, puis il semble effrayé par des hallucinations. Je le laisse cette nuit encore avec des amis qui lui donneront un traitement associant neuroleptiques et vitamines et le revois le lendemain. Pour la première fois depuis longtemps, Christian a bien dormi. Mais il est toujours très anxieux, confus, figé et parfois perplexe. Je lui explique que je vais rester avec lui à partir de maintenant. Au cours de la soirée, il évoque la séparation d'avec son « ami » de voyage, qui est en fait son frère. Nous passons la nuit sur la plage dans une hutte prêtée par une Européenne sadhou qui vit là depuis des années. Christian reste à côté de moi toute la veillée et me suit comme une ombre. Silencieux, il a le regard lointain et ne participe pas à la conversation.

Cela vaut peut-être mieux, car je m'informe à propos d'un jeune étudiant qui a été tué ici même à coups de hache, deux ans auparavant, sous son grand parapluie noir, par un Occidental en plein délire. Avant de remettre ses affaires personnelles à la famille, j'avais été intrigué par un rêve prémonitoire qu'il avait noté dans son journal de voyage. Tout y était : la nuit, la plage, la hache et son grand parapluie noir.

Au petit déjeuner, après maintes sollicitations, Christian accepte de grignoter un gâteau sec et de boire un *tchai.* Ce matin, son angoisse semble s'être cristallisée sur des préoccupations corporelles. «Je suis pourri», me dit-il dans un sanglot. Je pense au syndrome de Cotard, une forme de mélancolie délirante à thématique hypocondriaque qui associe sentiment de damnation, négation d'organe, angoisse d'immortalité et intense douleur morale.

Le surlendemain, il se nourrit seul, mais n'a toujours aucun contact spontané, et ne parle que si on lui pose des questions. Il répond alors d'une voix presque inaudible, se contentant de répéter en écho ce qu'on lui dit — ce que l'on nomme écholalie. Nous sommes toujours sur la plage d'Arrambol et je commence à lui parler de son retour prochain à Bombay, puis en France, ce qui semble le rassurer.

Mais tout d'abord il faut retourner à l'ashram de Vagator pour récupérer mes bagages. Arrivé là-bas, Christian évoque des idées de mort. Il est un peu moins confus et semble par moment conscient de ses troubles. Pour la première fois, il accepte de se laver et d'aller nager avec nous, ce qu'il n'avait pas fait depuis un mois et demi. Il a des hallucinations cénesthésiques, des sourires immotivés, et des angoisses de morcellement : « Une part de mon moi est en France avec ma famille, une autre est ici, et une autre à Arrambol. » Il commence un peu à me parler, du métier qu'il aurait voulu faire, et de son père. Le visage figé dans une attitude de concentration douloureuse, il évoque de nouveau des idées délirantes centrées sur le corps, et de pénibles hallucinations auditives : « J'ai entendu parler ma mère, ça m'a fait mal. »

Pendant le vol qui nous ramène à Bombay, il est très angoissé, car il a l'intuition d'une catastrophe imminente. Il pense que le monde va exploser à cause de lui. La journée suivante, mutique, il me suit pas à pas dans les méandres de l'administration indienne pour régler ses problèmes de visa. Dans le bureau, les ventilateurs tentent d'arracher les feuilles de centaines de dossiers entassés pêle-mêle, retenus par des lingots de fonte rouillés et polis par le gras des mains. Malgré une apparence qui se veut sévère, l'empathie naturelle des fonctionnaires indiens et surtout leur tolérance face à la maladie mentale nous a toujours permis de bénéficier de leur indulgence. Christian n'a pas besoin de trop se forcer pour se faire reconnaître comme irresponsable, et quelques heures après, nous voilà avec les précieux papiers.

Durant le voyage du retour en France, je ne note aucune amélioration. Sa mère, qui est venue nous attendre à l'aéroport, nous conduit dans un hôpital où il avait déjà été hospitalisé l'année précédente. Christian est abattu, triste, mais soulagé de se retrouver en France. J'apprends que depuis sa dernière hospitalisation, il a interrompu toutes les prises en charge, puis est parti avec ses économies pour l'Inde. Sa mère, qui s'apprêtait à vendre la maison familiale pour aller vivre à l'étranger, pense ne pas pouvoir le laisser seul, malade et sans domicile en France. Elle a l'intention de faire une retraite de plusieurs mois dans une communauté bouddhiste dans le sud de la France et propose de l'y emmener. Elle interprète les échecs de Christian comme des tentatives de restauration d'une relation fusionnelle vis-à-vis de laquelle elle est elle-même extrêmement ambivalente.

Christian ne commencera à reprendre goût à la vie qu'au bout d'une année. Selon sa mère, qui me tient au courant, il aurait « touché le fond en Inde, ce pays où tout peut arriver et où tout arrive. » Une certaine manière de renaître, peut-être.

### *Rites adolescents*

L'adolescence n'est pas un phénomène homogène. Selon les cultures, les milieux et les époques, elle est différente. Si, chez les Romains, elle se termine à l'âge de trente ans, en Europe, jusqu'à la fin du XVIIIe siècle, on considère qu'elle dure jusqu'à vingt-cinq ans. Plus la société est complexe, plus l'adolescence est longue et conflictuelle. C'est le cas en Occident, où elle devient une sorte de modèle social et culturel tant pour les enfants que pour les adultes. « À partir de cette époque, l'individu humain se trouve devant une grande tâche qui consiste à se détacher de ses parents et c'est seulement après avoir rempli cette tâche qu'il pourra cesser d'être un enfant pour devenir un membre de la collectivité sociale[1]. »

Notre civilisation laisse de moins en moins de place à cette période de fragilité et de maturation qu'est l'adolescence. Peu de choses font rituel et surtout rupture. Le temps des études sûrement, mais le classique service national aura bientôt disparu. « Réduits à eux-mêmes, les jeunes d'aujourd'hui ne sont plus menés ensemble et solidairement d'une rive à l'autre ; il faut qu'ils se donnent à eux-mêmes ce droit de passage. Cela exige d'eux une conduite à risques [...] De plus, l'initiation ne s'opère pas sans un déplacement dans l'espace [...] car l'adolescence se vit à la fois comme un exil et comme une initiation au terme de cet exil[2]. » Le voyage peut participer de cette renaissance. Il faut cependant distinguer

1. S. Freud, *Trois essais sur la théorie de la sexualité*, Paris, Gallimard, coll. « Folio/Essais », 1985.

2. F. Dolto, *La Cause des adolescents*, Paris, Pocket, 1997.

le voyage préparé à l'avance, pour un temps déterminé, dans un but précis et avec un retour prévu, et la « route », qui est moins bien inscrite dans le temps et l'espace, mise entre parenthèse d'une tranche de vie, entre l'enfance et l'âge adulte, signant une volonté délibérée de rupture avec la famille et avec « le système ». C'est un voyage sans but particulier, une aventure modifiable au gré des rencontres. Le voyage en Orient, auquel la route est liée depuis les années 1960, permet une maturation dans cet espace privilégié, l'Inde, qui offre une sorte « d'espace transitionnel » hors du temps. « L'acceptation de la réalité est une tâche sans fin et nul être humain ne parvient à se libérer de la tension suscitée par la mise en relation de la réalité du dedans et de la réalité du dehors. Cette tension peut être soulagée par l'existence d'une aire intermédiaire d'expérience [...] en continuité directe avec l'aire de jeu du petit enfant[1] », nous rappelle Winnicott, qui aussi pense que « l'essentiel, en ce qui concerne l'adolescence, c'est son immaturité, le fait de ne pas être responsable. C'est là l'élément le plus sacré de cet état qui ne dure que quelques années, car c'est un bien que perd chaque individu une fois qu'il a atteint la maturité[2] ».

Cette route des Indes est donc un équivalent

1. D. W. Winnicott, *Jeu et réalité, L'Espace potentiel*, Paris, Gallimard, 1975.

2. *Ibid.*, Paris, Gallimard, 1975.

des rites de passage que l'on retrouve dans beaucoup de sociétés traditionnelles, africaines par exemple : « Le maître se souvenait. Du temps de son adolescence, les enfants des grandes familles, [...] vivaient encore tout leur jeune âge loin des milieux aristocratiques dont ils étaient issus, anonymes et pauvres parmi le peuple et l'aumône de ce peuple. Au bout de ce compagnonnage, ils revenaient de leur longue pérégrination parmi les livres et les hommes, doctes et démocrates, aguerris et lucides[1]. » On y retrouve le voyage et l'éloignement dans un contexte de pauvreté, voire de mendicité, mais aussi la vie en communauté ainsi que la transgression de la loi que l'on estime comme normale et nécessaire à cette période de la vie. « Le temps de l'insouciance passa, l'heure de la circoncision était arrivée, le moment de commencer son éducation, sa formation pour devenir un homme dans toutes les circonstances de la vie, devant toutes les épreuves, et, but suprême, un chef de famille, le représentant des ancêtres. Par une aube fraîche, un groupe d'enfants qui, leur vie durant, seraient "frères" parce qu'ils allaient mélanger leur sang sur les flancs d'un vieux mortier [...] subirent, l'un après l'autre, pour la première fois et volontairement, la douleur [...]. L'éducation commençait "dans la case des hommes" et dans la brousse pour former l'esprit, endurcir le corps

1. Cheik Amidou Kane, *L'Aventure ambiguë*, Paris, UGE, coll. « 10/18 », 1971.

et aguerrir le caractère [...] Ils allaient aussi au chapardage, car on ne pouvait, on ne devait rien leur réclamer de ce qu'ils volaient, poulets, canards ou autres choses. Le soir et à l'aube, c'étaient les kassaks, les chants initiatiques[1]... » « Après cette mesure profonde pratiquée d'une main paternelle, je vous promets que plus jamais cet enfant ne se blessera. Vous verrez de quelle stature, lui aussi, dominera la vie et la mort[2]. »

L'initiation, nous rappelle Louis-Vincent Thomas, comporte une triple révélation : celle du sacré, celle de la mort, celle de la sexualité que l'initié connaît. Il les assume et les intègre dans sa nouvelle personnalité. Il s'agit de « dire autrement la même chose d'où la profusion et l'exubérance des symboles convergeant la plupart du temps vers un signifié unique : changements de nom, bain lustral, nouveaux habits, réapprentissage de la langue ou des comportements élémentaires[3]. » « Les rituels collectifs marquent l'entrée dans une fraternité formant une sorte de société secrète de ceux qui ont ensemble quitté la famille ou le village pour aller dans la "brousse" [...] Ce passage de la culture à la nature est nécessairement régressif[4]. »

---

1. B. Diop, *Les Contes d'Amadou Koumba*, Paris, Présence Africaine, 1996.

2. Cheik Amidou Kane, *L'Aventure ambiguë*, *op. cit.*

3. L. V. Thomas, *L'Être et le Paraître. Essai sur la signification de l'initiation en Afrique noire*, Paris, Dunod, 1984.

4. D. Zahan, *Religion, spiritualité et pensée africaine*, Paris, Payot, 1970.

Par ce temps en marge que certains font durer neuf mois, le rite transporte sur le plan du symbole cette « lenteur vitale ». Ainsi, ce séjour aura lieu dans un endroit particulier, sorte de « réduction de l'univers dans lequel le néophyte est censé se dissoudre pour retrouver la vie intra-utérine. » Il y restera le temps nécessaire pour parvenir à la maturité.

L'existence de tout individu comporte trois moments clés : naissance, initiation, mort. L'initiation implique une mise à mort symbolique (ou rituelle) correspondant à la phase de marginalisation et une renaissance. Le rapprochement avec la mort « présente l'avantage de relier en une même tonalité l'ensemble de l'existence humaine — en montrant qu'en un certain sens, notre véritable "achèvement" ne s'accomplit qu'au moment de la mort. L'initiation n'est plus alors un passage définitif et absolu, mais elle reste, sans doute, le moment où se dévoile pour l'homme le sens dernier de son existence, où se manifeste sa finitude et où il lui devient possible d'assumer sa condition, mais aussi peut-être de la refuser. Sans doute ce choix est-il inscrit à la source même des rites[1] »... Après cette renaissance, cette résurrection, le néophyte réintègre son groupe et sa culture et devient prétexte à des fêtes plus ou moins orgiaques. « La naissance de l'homme étant prématurée parce qu'elle est tou-

1. G. Lapassade, *L'Entrée dans la vie*, Paris, Minuit, 1963, p. 65.

jours arrachement et recréation, il est nécessaire que la société prenne en charge les “nouvelles naissances”, afférentes aux âges critiques de la personne. »

« Les rites non structurés des bandes contemporaines d’adolescents sont très semblables aux rites pubertaires dans les sociétés primitives et constituent une recherche spontanée des moyens psychologiquement efficaces pour aider le garçon qui approche de la maturité à doubler le cap initiatique de l’adolescence [...]. Le manque de rites d’initiation en Europe s’est traduit par la recherche de “gourous” qui comblaient ce manque[1]. » On le voit bien dans le film de Jane Campion, *Holy Smoke*, ce n’est pas tant de l’Inde qu’il s’agit, mais de l’initiation et du passeur.

La route en elle-même et en particulier en Inde est un résumé, un condensé de tout ce que nous venons de voir. On y retrouve la vie en collectivité avec les fêtes à Goa, la recherche du risque, la transgression de la loi, le changement de nom, le retour à la nature, etc.

L’Inde convient tout à fait comme « réduction de l’univers » à grande échelle géographique, mais aussi à échelle humaine (vie intra-utérine, temps en marge). Le rapport à la mort, l’importance des mythes, point de référence métaphorique à nos réponses, et du sacré dans ce pays

1. L.-V. Thomas, *L’Être et le Paraître. Essai sur la signification de l’initiation en Afrique noire*, *op. cit.*

participent de cette initiation, car si les rites aident à s'inscrire parmi les autres, les mythes permettent de se situer dans l'ordre du monde et de l'univers. Le parcours initiatique est par ailleurs reconnu en Inde où il existe même des lieux d'accueil, les ashrams. Et si en Europe il faut se « méfier des voies de passage et de leurs passants », ici, l'étranger est le bon objet. C'est un peu comme entre le Xᵉ et le XIVᵉ siècle en Occident, « période poétique et mystique du vagabondage, celle des pèlerins, des trouvères, des jongleurs, des chevaliers errants, mais aussi des croisades représentant l'expression collective de ce vagabondage idéaliste[1] ».

Toutes les conditions sont réunies en Inde pour l'adolescent occidental qui a trouvé là ce que sa propre « civilisation en crise » ne peut lui donner. Notre société ne serait-elle pas elle-même en période d'adolescence ?

J'ai souvent ressenti une similitude entre la gêne qu'éprouvait le personnel consulaire et la gêne que ressentent les membres d'une grande famille bourgeoise face à l'adolescent troublant l'ordre familial par son allure et son comportement. Ainsi, les attitudes étaient variables : véritable blessure narcissique pour les uns, regard amusé pour les autres sous l'œil désabusé des plantons somnolents sur leur fusil, vis-à-vis de ces hordes de hippies qui campaient dans la

1. M.-C. Mouren et *al.*, « Le vagabondage. Aspects psychologiques et psychopathologiques », art. cit.

salle d'attente à côté d'Indiens guindés, attendant une entrevue avec le consul général. Parfois, j'ai eu l'impression d'assister au retour de l'enfant prodigue ou à l'arrivée du Messie version indienne. Ainsi un jour, André, un sadhou français connu sous le nom de Shiva, vêtu d'un seul cache-sexe, trident à la main, des fleurs de frangipanier dans les oreilles, bénissait les policiers indiens chargés de la surveillance qui, prosternés, lui touchaient respectueusement les pieds.

Dans ce pays on peut donc vivre une sorte de rêve, d'utopie (au sens étymologique d'absence de lieu). C'est le lieu de l'utopie (donc le lieu de l'absence de lieu), le Never Never Land de Peter Pan où tout comme lui on peut refuser de grandir et prolonger indéfiniment l'enfance. On peut aussi comme le joker et le « fou » dans le jeu de cartes incarner tous les personnages, mais ce qui fait la différence entre le fou et le joker, c'est l'introduction de la temporalité (le joker ne sert qu'une fois, son rôle est limité dans le temps). Il en est de même pour l'adolescent et c'est sur cette limite temporelle qu'il étayera son propre « je ».

### *Véronique et les Martiens*

On me présente Véronique à l'ashram de Vagator de Goa, dans cette petite maison au milieu des fleurs. C'est une jeune fille de vingt-six ans, échevelée, au regard triste et lointain, à laquelle a déjà été proposé plusieurs fois le rapatriement pour la France. Ce qu'elle a refusé. Elle a un contact bizarre, discordant. Bien que réticente dans un premier temps, elle évoque rapidement, sur un ton monocorde, conflits familiaux et déboires amoureux.

Elle a entrepris ce voyage en Asie avec son ami, qu'elle a brutalement quitté pour se rendre seule à Goa. Depuis, elle erre sur les plages. Elle vit avec deux chiens qu'elle a adoptés, se faisant voler le peu d'affaires personnelles qui lui restait, ses papiers en particulier. Elle prend toutes sortes de drogues : haschich, LSD, datura ou *brown sugar*, et a été violée plusieurs fois après des raves.

Véronique me dit être au chômage, malgré des études supérieures. Ses idées délirantes sont floues : elle aurait vu des Martiens sur la plage, qui lui en veulent et la poursuivent, ce qui la pousse à fuir, sans but. Déprimée, insomniaque, elle a des crises d'angoisse, mais ne pense pas au suicide. Elle est par ailleurs très maigre, et a de nombreuses plaies infectées sur tout le corps.

Au bout de quelques jours, elle accepte de rentrer avec nous pour repartir en France. En arrivant à Bombay, elle n'est soudain plus dissociée, ni délirante, et ne pose aucun problème pendant les deux jours qu'elle passe à la maison. Nouvellement arrivé en Inde, je mets cette amélioration sur le compte du traitement neuroleptique qu'elle a accepté de prendre.

Nous réussissons à lui faire faire un laissez-passer et obtenons par miracle un nouveau billet d'avion en échange de celui qu'elle a perdu. Elle s'envole le lendemain pour Paris, accompagnée par un Français de passage à qui nous la confions. Après une courte hospitalisation, Véronique retrouvera un emploi et continuera de voyager « pour faire de nouvelles découvertes », m'écrira-t-elle sur une carte représentant un clown qui dort sur un croissant de lune…

### *Un mot sur les ashrams*

Comme nous l'avons vu, l'initiation implique un départ et un retour. Elle s'inscrit dans un entre-deux et ce temps en marge est symbolique d'un temps de gestation. Elle se passe le plus souvent dans un lieu clos chargé de sens et hors du monde. Pays de « l'altérité radicale », l'Inde est un lieu idéal pour s'initier. Là, se trouvent les fameux ashrams, qui remplissent une fonction d'enseignement initiatique sur soi-même et le monde. La plupart sont des endroits tranquilles où l'on peut faire des sortes de retraites monastiques. Tout n'est pas idyllique cependant, l'ashram pouvant devenir un lieu d'enfermement quand la personne qui s'en occupe, le *gourou*, entretient ses membres dans la dépendance : c'est alors une secte, un groupe fermé, avec son langage propre et ses critères d'exclusion.

Les ashrams font partie du paysage social, lui-même indissociable de la vie religieuse. Toute personne, qu'elle soit ou non indienne, peut s'y rendre en pèlerinage et y rester le temps qu'elle veut : quelques jours, des mois, voire des années. Ce ne sont pas les seuls centres religieux, puisqu'il en existe aussi de bouddhistes et de musulmans. Le bouddhisme est pour l'Occidental d'une approche plus facile que l'hindouisme, et l'on peut s'y convertir. Les Occidentaux qui fréquentent ces monastères sont souvent bien intégrés socialement et viennent seulement s'y ressourcer quelques semaines par an.

Les ashrams accueillent en particulier les sadhous. Ceux-ci sont nourris par les villageois qui les respectent et représentent à peu près 0,1 % de la population, soit une centaine de milliers. Ils vont de ville en ville, puis s'établissent définitivement dans un ashram pour éventuellement y enseigner. D'autres préfèrent vivre en ermite. Ils se regroupent tous les trois ans au cours de pèlerinages, les *kumbhamelas*. Ce sont des foires religieuses géantes qui durent deux mois et qui ont lieu successivement dans l'un des quatre principaux endroits sacrés de l'Inde, là où sont tombées les quatre gouttes de lait, lors du grand barattage de l'océan primordial par les dieux, dans la cosmogonie hindoue. J'ai assisté à celle de Hardwar en 1986 et je garde un souvenir inoubliable de cette assemblée de milliers de sadhous, certains totalement nus, couverts de cendre, la tête et le corps rasés : les *nagas babas* (*baba* voulant dire l'ami, le frère, d'où l'origine du mot « baba-cool »), d'autres les cheveux et la barbe (qu'ils ne coupent jamais) enduits de bouse de vache. Ils étaient parfois mutiques ou figés dans des attitudes quasi catatoniques après avoir fait vœu de ne plus parler, de garder le bras levé pendant un certain nombre d'années ou de ne plus poser un de leurs pieds à terre.

Beaucoup d'Européens partagent épisodiquement l'existence de ces babas renonçants, allant de villages en ashrams, vêtus comme eux d'un *longui* orange, avec comme seuls biens leur bol à offrandes et un *lota* (récipient en cuivre) pour les ablutions. J'ai rencontré quelques sadhous occidentaux. L'un d'eux vit maintenant dans le sud de la France, où il est respecté comme une sorte d'anachorète par les paysans qui parfois le consultent. Il alterne sa pratique « druidique », comme il dit, et ses séjours en Inde. Ces sadhous occidentaux ont ainsi fait, certains pendant des années, la route des lieux sacrés.

Il va sans dire qu'être confronté à ce genre d'existence est fortement destructurant. Une des particularités des sadhous est d'être de grands fumeurs de haschich : partager leur mode de vie veut dire partager le chillom (pipe conique en terre) qu'ils commencent à fumer dès le réveil accroupis autour d'un feu. Ils sont également très intéressés par tous les hallucinogènes, leur dieu Shiva[1] — dieu de la destruction et donc de la reconstruction — ayant acquis grâce à son

1. Certains sadhous sont adeptes de Vishnou, mais la plupart adorent Shiva.

expérience des drogues une maîtrise de la « réalité suprême ». Les sadhous ont inspiré le mode de vie des premiers hippies qui reconnaissaient en eux des pionniers de ce qu'ils prêchaient : la route et le dénuement. Ce mouvement romantique trouvait ainsi en Inde un écho à ses idées et un terrain propice à l'expérience psychédélique.

Les vrais « sages » sont peu fréquents chez les renonçants et ils vivent le plus souvent retirés dans les montagnes, n'en sortant que pour les grands pèlerinages. Ainsi, le jeune Occidental à la recherche du gourou aura toutes les chances de tomber sur un faux sadhou, mendiant céleste à l'allure de moine, voire sur des psychotiques. Car de nombreux individus n'ont de renonçant que l'habit (qui ne fait pas le moine) et se contentent de vivre au jour le jour. Ils profitent de l'influence qu'ils ont sur le peuple et parfois sur les Européens qu'ils détroussent à l'occasion après les avoir enivrés avec du haschich ou une décoction de datura. Cette puissante plante hallucinogène sérotoninergique qui a pour caractéristique de provoquer un état délirant qui peut durer plusieurs jours avec des hallucinations de nature effrayante et qui occasionne des troubles du comportement particulièrement insensés. Lewin cite l'exemple « d'une troupe de légionnaires intoxiqués qui retournent pendant des heures toutes les pierres d'un champ [...] À cela s'ajoute la perte de la mémoire pour tous les faits correspondant à la période des troubles mentaux et une passivité totale pendant l'intoxication [...] On ne s'aperçoit de rien, on ne comprend rien et le lendemain on ne sait rien de tout ça[1] ». Ainsi, dans la région sacrée de Hampi, quelques cas de vols et parfois de viols sous datura par des sadhous nous ont été rapportés par les voyageurs.

Il y aurait de nombreux psychotiques parmi les sadhous et un psychiatre indien de Bombay voyait dans les ashrams des structures pouvant accueillir des patients, une sorte de « nef des fous » version indienne. « [Les psychotiques] sont réellement considérés comme émanant du Divin. Ils jouent le rôle d'une catégorie particulière de renonçant et sont intégrés à ce titre[2]. » Il leur est facile, comme aux étrangers, de se faire accepter dans les communautés de sadhous, de partager leur mode de vie, et même leur repas, ce qui ne se fait habituellement pas entre personnes de castes différentes. Mais ici nous sommes hors monde, hors castes.

Les ashrams peuvent être regroupés en quatre catégories : les ashrams d'étude, les ashrams religieux, les ashrams thérapeutiques, les ashrams philosophiques.

Les ashrams d'étude sont des sortes de micro-universités, d'écoles privées regroupées autour d'un maître appelé gourou. Les plus fréquentés par les Occidentaux sont ceux de Bénarès. Dans notre « secteur » quelques Français étudiaient à

1. L. Lewin, *Phantastica*, Paris, Payot, 1927.
2. J.-L. Chambard, art. cit.

Poona la musique et la danse, d'autre à Ganeshpuri le yoga et la méditation. Ils connaissaient l'Inde depuis longtemps et fréquentaient rarement le consulat.

Dans le cas des ashrams religieux, il faut tout d'abord évoquer les sectes telles que nous les entendons habituellement. Ainsi, « Haré Krishna » avait un de ses centres à Juhu près de Bombay. Il était peu fréquenté par les Occidentaux comparé aux années 1970. Je n'ai eu qu'une fois affaire à l'un de ses disciples français, arrêté à la douane pour trafic d'or. Il a payé sa caution et a disparu du pays.

Ce genre d'association n'est que l'expression caricaturale, avec des vues prosélytes et pécuniaires, de communautés religieuses qui dans l'ensemble n'ont rien de sectaires. « Du reste, les mots que les hindous emploient pour désigner les différents groupes religieux qui foisonnent en leur terre ignorent le plus souvent tout aspect de sectarisme. L'un des plus employé, *panth*, signifie « voie », « route » : font partie d'une même route ceux qui suivent le même chemin vers la délivrance[1]. »

Les ashrams sont dirigés par un gourou[2]. Il a une fonction thérapeutique qui peut être rapprochée de celle du chamane, car il « a entre

1. G. Deleury, *Toukaram, ou les psaumes du pèlerin*, Paris, Gallimard, 1989.

2. Quand le maître à penser est décédé, sa « philosophie » continue de donner l'axe spirituel de la communauté.

autres tâches celle de faire retrouver à ses disciples l'équilibre, l'accord avec le monde dont le défaut ou la perturbation les a fait souffrir [...] D'où de nombreux points communs entre le psychothérapeute et tous ces "mystiques" ou guérisseurs [...] qui disposent pour cela, à défaut de nos méthodes et techniques, et non sans efficacité, de la puissance de la croyance religieuse et des forces psychiques considérables que celle-ci mobilise. [...] il y a profondément en tout hindou, une image du monde où dominent le thème de la fusion en l'absolu et le désir de fuite vers une divinité à la fois accueillante et terrible, maternelle. À quoi s'associe le thème de la dépersonnalisation et de la porosité du moi à l'environnement, qui exprime la nostalgie de la fusion en une Mère accueillante, mais lointaine, qu'il faut rechercher quand elle vous délaisse, mais qu'il faut craindre aussi, si elle vous saisit. [...] Par ailleurs, le temps est relatif parce que subordonné lui-même à un "grand temps" éternel où il se résorbe[1]. »

Tout cela explique peut-être l'attirance qu'exercent ce pays et les ashrams sur les psychotiques européens. Par ailleurs, sous ce vernis mystique, ils passent pour des sortes d'illuminés et échappent ainsi au statut d'adulte handicapé mental que notre société leur offre sans autre

1. S. Kakar, *Shamans, Mystics and Doctors. A Psychological inquiry into India and its Healings Traditions*, Delhi, Oxford University Press, 1982.

alternative. Ils trouvent dans ce pays un espace pour vivre leur propre réalité « folle » qui, ici, n'est plus considérée comme déviante mais comme une vision personnelle du monde.

J'ai rencontré au cours de mon séjour quelques personnes qui ont eu des « traversées psychotiques » et qui dans ces ashrams ont réussi, après des années, à se restructurer. Ils ont ainsi « cicatrisé » leur psychose auprès d'un gourou (comme nous allons le voir avec Shanti).

En dehors des ashrams « thérapeutiques » religieux dont je viens de parler, il y a des structures de soins également appelées ashrams[1]. Il n'existe pas en effet de lieux publics de postcure, d'accueil comme en France. Ce manque est comblé par l'initiative d'associations (religieuses ou non, parfois en fonction de la caste) que nous appellerons « ashrams thérapeutiques ». Leur but est souvent d'aider une catégorie de personnes en difficulté. En ce qui nous concerne, nous avons travaillé avec l'ashram fondé par le père Amand sur la plage de Vagator pour accueillir les Occidentaux en difficulté. Ce lieu « d'accueil » pouvait recevoir une quarantaine de personnes. Il servait autant de lieu de « retraite » que de centre de crise ou de dispensaire et était, comme nous l'avons vu, un point de repère pour les Occidentaux de Goa qui savaient, en cas de difficulté, y trouver écoute,

1. En fait, en Inde, toute communauté porte le nom d'ashram.

soins, et éventuellement aide sociale. Les seules règles étaient l'absence de drogue ou d'alcool et le respect des horaires de repas. Il nous a permis d'éviter des hospitalisations en psychiatrie dans les vieux hôpitaux psychiatriques indiens. Nous avons pu ainsi fonctionner comme une sorte d'équipe de secteur, avec peu de moyens financiers mais sans contrainte d'ordre administratif.

Les ashrams philosophiques, enfin, sont nombreux en Inde. Les plus connus des Occidentaux sont l'ashram de Sri Aurobindo à Auroville, près de Pondichéry, l'ashram de Rajneesh à Poona et celui de Satya Sai Baba à côté de Bangalore. Nous nous intéresserons uniquement à celui de Poona qui était situé dans notre secteur.

De tout temps, cet ashram a rejeté les indésirables : routards désargentés, fidèles ayant des démêlés avec la police, ou dont les parents faisaient des histoires, malades mentaux, etc. Baghwan Rajneesh, aussi appelé Osho, ce « père Noël escroc » comme le surnommait une des toxicomanes de Bombay a ainsi fondé une sorte de club méditerranée qui offre un « package » mystico-psychologique (méditation, psychologie, parapsychologie, étude des religions, des médecines indiennes, etc.) dans une ambiance de paix et d'amour : monde clos paradisiaque tant que l'on peut payer, qui met à l'abri de tout traumatisme et de l'angoisse les disciples « libérés » de leur *ego*. J'ai vu à l'ashram à l'occasion de son cinquantième anniversaire, une des interviews vidéo de Rajneesh (il avait eu comme cadeau un moulage de ses pieds !) où il disait : « Je m'occupe de votre *ego*, je le prends, et sans *ego*, vous êtes heureux. » Lui en effet s'occupe beaucoup de son image de marque : livres à son effigie, portraits dans tout l'ashram, lieu d'un véritable culte de la personnalité.

Le retour à la réalité était difficile pour les fidèles qui y restaient trop longtemps. Après avoir épuisé leurs réserves financières, certains membres se livraient dans les années 1970 à de nombreuses combines pour rester : prostitution et trafics divers, de leur propre gré, bien sûr. Mais, depuis son retour des États-Unis en 1986, les séjours trop longs étaient déconseillés, les entrées mieux filtrées. Ces mesures ont permis d'éviter les problèmes des années héroïques, les visiteurs ne venant là que pour quelques semaines. Nous n'avons eu qu'un seul contact avec cette « fondation » à propos d'un patient abandonné lors de la « retraite de 1981 ». Totalement apathique, atteint d'une amibiase chronique qu'il refusait de soigner, il attendait depuis des années Rajneesh sans qui il ne pouvait plus exister. Nous avons organisé son rapatriement, en 1986, après plusieurs mois de soins, de démarches administratives et de recherche de fonds afin de payer son billet de retour, car il était orphelin... Osho est « décédé » il y a maintenant quelques années mais l'ashram fonctionne comme à la bonne époque.

J'ai rencontré Shanti, cinquante ans, lors d'une mission à Hampi. Hampi est un de ces lieux magiques sur lesquels le temps semble ne pas avoir prise et que l'on ne trouve qu'en Inde : les ruines de la cité antique de Vijayanagar s'étendent sur trente-trois kilomètres carrés dans un décor d'immenses rochers de granit ocre qui reposent dans le vert des champs de cannes à sucre. « Tous les hommes ont un secret attrait pour les ruines, écrivait Chateaubriand dans *Le Génie du christianisme*. Ce sentiment tient à la fragilité de notre nature, à une conformité secrète entre ces monuments détruits et la rapidité de notre existence. Il s'y joint en outre une idée qui console notre petitesse, en voyant que des peuples entiers, des hommes quelquefois si fameux n'ont pu vivre cependant au-delà du peu de jours assignés à notre obscurité. » Capitale du dernier Empire hindou qui s'effondra au XVIe siècle, ce site archéologique fabuleux, perdu dans le Karnataka, à l'est de Goa, avait tout pour séduire les romantiques du XXe siècle adeptes du voyage en Orient. Les hippies trouvèrent là, sur les bords de la rivière Tungabhadra, des centaines de petits temples abritant chacun un lingam de pierre — symbole phallique du dieu Shiva — ou une divinité sculptée, et s'y installèrent dans les années 1970.

Une infime partie de Hampi est « squattée » par des Indiens qui ont construit leurs « maisons » dans les squelettes de granit des temples, en bordure d'avenues de plusieurs kilomètres de long, créant ainsi une atmosphère surréaliste. Le reste est envahi par les singes, qui sont sacrés, car on rend ici hommage à Hanuman, le dieu-singe. Des portiques et des colonnades donnent au paysage des allures grecques, que quelques sadhous semblent hanter. Un petit temple encore en activité rythme le temps qui semble figé depuis des siècles. Les rituels s'effectuent à heure fixe avec un éléphant qui fait plusieurs fois le tour du temple, suivi aux pas de course par deux brahmanes qui soufflent dans une espèce de cornemuse. Dehors, des femmes déposent des fleurs et du lait sur les lingams en offrande au dieu de la fertilité.

C'est dans cet Éden, à l'écart du tumulte de l'Inde et de Goa la chrétienne, que vit Shanti. Quelque temps plus tôt, elle avait écrit au consulat, nous demandant de l'aide pour ses papiers dans le cadre d'une procédure de divorce. Je me rends chez elle après avoir traversé la rivière sacrée dans une de ces petites barques rondes en osier qui semblent sorties du Moyen Âge, et que les Indiens propulsent avec des rames dont l'extrémité à la forme d'un cœur. De l'autre côté de la berge, je suis poursuivi par des chiens faméliques. Ils portent d'étranges colliers hérissés de clous pour éviter de se faire dévorer par les panthères. Un peu plus loin, au pied d'un grand *banian tree*, un des arbres sacrés indiens dont les branches tombent jusqu'à terre pour prendre ensuite racines, je me retrouve face à une femme en sari qui roule des chapatis. Je l'aurais prise pour une Indienne si elle ne parlait couramment le français. C'est la veille de Noël, et Shanti considère ma venue comme une sorte de miracle. Je reste donc quelques jours avec elle et sa fille. Cette dernière a quatorze ans, ne comprend pas le français et a peur de moi. Elles vivent depuis un an dans une famille musulmane de quatre enfants, où Shanti prend visiblement tout en charge, car « la mère » est malade. Le *baba* (le père), lui, est allongé toute la journée et donne de temps en temps quelques consultations. Sorte de gourou local, il « soigne » les rares musulmans de la région avec des talismans et des invocations. En échange, il est payé en nature (poulet, riz). Ce genre de gri-gri fonctionne dans la moitié des cas selon Shanti. Elle doit aller visiter le lendemain un terrain qu'elle envisage d'acheter afin d'y planter des céréales.

Je l'accompagne pour ce petit voyage de trois jours pendant lequel le *baba* consulte dans les différents villages que nous traversons, en échange du gîte et du couvert. Nous passons ainsi la nuit de Noël dans un petit abri en terre battue que nous ont prêté des villageois. Le ciel brille de milliers d'étoiles et le premier quartier de lune, qui a sous les Tropiques la forme d'une barque, semble y naviguer. Shanti me raconte alors sa vie. Après avoir quitté la France avec un ami américain, elle vit en Californie dans une des multiples communautés qui y fleurissaient à l'époque puis, à la fin des années 1960, juste après le concert de Woodstock, elle part en Inde. Au bout de quelques semaines à Goa, elle déclenche un épisode délirant et reste ainsi des mois sur la plage. Elle arrive ensuite à Hampi où elle dit avoir vécu sous un arbre dans un état quasi catatonique pendant six mois. Durant cette période, elle est nourrie par la population qui la considère comme une illuminée. Elle est ensuite recueillie chez le châtelain local qui essaie peu de temps après d'abuser d'elle. Elle s'enfuit et va vivre à l'ashram d'Anagundi, le village voisin, avec des sadhous, dans un petit temple situé au bord d'un bassin où se trouve un crocodile sacré. Elle y restera quinze ans et, de l'un d'entre eux, aura une fille. Mariée officiellement à Bombay, les choses se gâtent rapidement, car le mari devient violent. « Il voulait vendre sa fille si je ne lui donnais pas de l'argent », m'explique-t-elle. Il essaie de détruire ses papiers d'identité — qu'elle réussit cependant à garder —, alors qu'elle effectue des démarches pour se faire naturaliser indienne. Elle quitte dans ces circonstances l'ashram et va vivre avec sa fille dans la famille du *baba*. C'est à ce moment qu'elle écrit au consulat. Jusque-là, nous ne savions rien de son existence, sinon par des rumeurs de voyageurs. Elle nous apparaissait à l'époque comme une mystique délirante et persécutée. « Je travaille pour le Divin et la mère divine, et cela seul est ma vie et ma joie», signait-elle dans sa lettre.

Je suis donc étonné de voir une femme «équilibrée», certes mystique, mais très bien adaptée à sa nouvelle vie. Elle a su se faire accepter par les habitants de l'Inde rurale, même si elle est considérée dans son village comme une intouchable. De cette manière, elle a en quelque sorte «cicatrisé» sa psychose. Elle est dans le discours commun de la population locale en ce qui concerne la question religieuse, et ne présente plus depuis longtemps ni hallucinations, ni idées délirantes. Son «délire mystique» (pour nous, Occidentaux) est ainsi circonscrit dans un registre commun reconnu. Shanti a fait le parcours des saints hommes en Inde. Quand on relit la biographie de certains de ces personnages, on retrouve un épisode délirant inaugural qui dure de quelques mois à quelques années. Le saint quitte alors son environnement socioprofessionnel et devient un renonçant, un illuminé. De nombreux exemples illustrent ce type de parcours en Inde. Ainsi, Swani Ramdas, né en 1886, directeur d'une filature, laisse travail et famille pour vivre ce qui semble être un accès délirant aigu, et part sur les routes de l'Inde, de lieux de pèlerinage en ashrams, «au gré de la volonté divine». Il erre ainsi pendant des années, puis fonde son propre lieu après avoir été reconnu dans toute l'Inde comme un authentique «libéré vivant». «Il prêche jusqu'à sa mort que l'*ego* est un imposteur et qu'au-delà de la dualité règne l'unité pure[1]. » Autre exemple, celui de la sainte Ma Anandamayi, née au début du XXe siècle. À l'âge de vingt-six ans, elle fait ce que nous appellerions un épisode d'anorexie mentale avec insomnie et dialogues hallucinatoires, qui dure pendant des semaines. Elle part ensuite sillonner l'Inde, « obéissant de seconde en seconde à une inspiration absolument inattendue et spontanée », suivie par ses adeptes qui lui construisent des ashrams où elle prêche elle aussi la non-dualité : « Je ne fais aucune distinction entre leur corps et le mien. » Dans ces deux cas, les familles se sont bien sûr inquiétées et ont eu peur de cette folie. Leurs proches ont tout d'abord proposé des soins, mais ils les ont ensuite laissé suivre leur « voie ». On pourrait citer de nombreux autres exemples, dont celui de Ramakrishna. Ces saints seraient chez nous considérés comme des fous, alors qu'en Inde ils peuvent devenir gourous (enseignants et thérapeutes) et ouvrir un ashram pour prêcher la non-dualité et l'union avec le « grand tout » — en gros ce que nous appelons « psychose » !

J'ai quitté Shanti après lui avoir fait un prêt pour acheter sa terre, qu'elle m'a remboursé chaque mois, ponctuellement. J'y suis retourné trois ans plus tard, lors d'une mission. Elle ne fut pas étonnée de me voir : elle avait pensé à moi dans la journée et trouvait donc normal que je sois là. Ce genre d'intuition est très courant

1. P. Ravignant, *Les Fous de Dieu*, Paris, MA, 1984.

en Inde et semble admis par la majorité de la population comme un phénomène logique. Shanti m'avait préparé une part de sa première récolte de graines de sésame pour me faire goûter les fruits de cette terre que nous avions achetée ensemble ! J'avais appris, lors de ses précédents courriers, que « la mère » était morte d'un cancer. Elle se retrouvait donc responsable de toute la famille (cinq enfants et le *baba*). Ainsi, sa situation dans le village était plus claire : elle était la femme du *baba* et la nouvelle mère de famille.

Elle avait cependant la nostalgie de la France. Dans ses dernières lettres, elle envisageait d'y retourner avec sa fille, en touriste, voir sa mère, les autorités indiennes ayant décidé de donner un statut aux étrangers qui vivaient dans ce pays depuis plus de dix ans. C'était pour Shanti l'occasion de retrouver son identité. Elle avait ainsi la possibilité de sortir de son village adoptif, qu'elle n'avait pas quitté depuis plus de vingt ans. Le consul général réussit à faire prendre en charge les frais de rapatriement, mais au dernier moment Shanti refusa. « Qu'aurais-je fait en France ? On m'aurait prise pour une folle, on m'aurait enfermée. » En 1998, la sortie du film *Hanuman, le dieu singe,* qui avait été tourné à Hampi, a ramené sur l'avant-scène de ma mémoire cette vallée des dieux presque irréelle, où se dissolvent depuis des décennies des Occidentaux comme Shanti. Et je pensais que peut-être, un jour, comme le personnage principal du film qui revient sur les traces de son père archéologue, mon fils y ferait un pèlerinage à la recherche de ce « temps perdu ». Il rencontrerait alors une vieille dame aux traits ridés qui, en roulant des chapatis, lui répondrait soudain en français.

## *Voyage thérapeutique et co-initiation*

Cette expérience partagée du voyage en Orient, ce face-à-face singulier entre médecin et malade, réalise « une sorte de co-initiation où, dans le même mouvement, le médecin se réalise, tandis que le malade se révèle à lui-même[1] ». Cette sorte d'accompagnement était très en vogue en Europe au début du XIXe siècle, époque où les vertus thérapeutiques du voyage étaient reconnues pour soigner certaines maladies. Les psychiatres n'hésitaient pas alors à emmener leurs patients fortunés sur les chemins de l'Italie ou de l'Orient. Ainsi, en 1836, Jacques-Joseph Moreau se voit confier par son maître, Esquirol, la responsabilité d'accompagner un patient pour un voyage de trois ans à travers l'Orient, dans l'intention « d'achever sa convalescence par un changement de milieu ». « Ce "changement" fut-il thérapeutique pour le patient ? Nous n'en pouvons rien savoir. En revanche, il est certain que la découverte du "milieu" oriental

1. J. Arveiller, « Haschich, romantisme et voyage initiatique », *L'Information psychiatrique*, 1990.

va infléchir durablement le destin de Moreau de Tours[1].»

«L'Orient de Moreau de Tours, c'est l'Orient romantique par excellence : c'est un Orient sacré, religieux [...] la société médiévale européenne qui se déploie sous ses yeux [...] dans laquelle on est disposé à jouir de tout ce que le présent offre de bon et d'agréable [...] Le voyage de Moreau présente les grands traits du voyage initiatique [...] exposé aux souffrances et aux épreuves[2].» Le Dr Legrand du Saulle, dans son *Traité sur les délires de persécution*, note comme Foville l'influence favorable des changements de lieux, au moins d'une manière transitoire, sur les hallucinations. «Le patient, ne comprenant rien à la langue de ces pays, se trouve débarrassé de ses voix[3].» De même, Jean Starobinski nous rappelle que si l'on a la chance de traiter une mélancolie à son début, le remède spécifique est de voyager[4]. C'est d'ailleurs le conseil que donnait Celse, dans l'Antiquité. En France, Pinel, qui a institué le traitement moral de la folie,

1. J.-M. Beguet, «Moreau de Tours, ethnopsychiatre», *L'Évolution psychiatrique*, 1990.

2. J. Arveiller, «Haschich, romantisme et voyage initiatique», art. cit.

3. A. Foville, «Les aliénés voyageurs ou migrateurs. Étude clinique sur certains cas de lypémanie», *Annales médico-psychologiques*, 14 (5), 1875.

4. J. Starobinski, «Histoire du traitement de la mélancolie des origines à 1900», *Acta Psychosomatica*, 3, Éd. française, 1960.

écrivait au XIXe siècle que « les voyages sont les moyens qui réussissent le mieux aux Anglais pour dissiper leur sombre mélancolie ». Calmeil, élève d'Esquirol, formule des conseils similaires. « Les voyages peuvent être conseillés aux mélancoliques dociles et fortunés [...] ils ont l'avantage d'exciter la curiosité ou la surprise des mélancoliques, de faire passer rapidement sous leurs yeux une grande variété d'objets, de séduire leur imagination par la beauté des sites[1]... »

Mais le discours médical, notamment dans le domaine de la psychiatrie, « colle » à son époque. À partir du milieu du XIXe siècle, les bienfaits du voyage — visiblement inspirés par le mouvement romantique — commencent à être mis en doute. Ils sont pratiquement niés à la fin du XIXe siècle, la plupart des psychiatres reconnaissant que « les voyages ne sauraient jamais guérir une mélancolie » et ne peuvent être au mieux qu'un simple divertissement de la convalescence. On s'attache plus alors à décrire le voyage comme symptôme d'un trouble mental. Autre époque, autre point de vue... En 1875, Foville introduit le terme d'aliéné migrateur, suivi par celui de dromomane de Pitres et Régis en 1902. Il s'enrichit de l'automatisme ambulatoire hystérique de Pierre Janet en 1908, pour aboutir à la notion de voyage pathologique, introduite en 1914 par Brian, Morel et

1. G. Besançon, « Du voyage, occasion pathologique », *Humeur*, 5, 1990.

Livet, et réactualisée en 1981 par François Caroli et Gérard Massé.

Il faudra attendre les antipsychiatres avec Laing et Cooper dans les années 1960 pour évoquer de nouveau cette co-initiation, mais cette fois-ci dans le cadre de l'accompagnement d'un voyage non plus géographique, mais intérieur. La guérison est obtenue grâce à une « plongée à l'intérieur de soi », comme chez certains guérisseurs traditionnels[1]. Il faut favoriser ce voyage interne, « processus naturel de guérison » qui permet à l'individu de s'arracher aux codes symboliques, de découvrir sa véritable identité et de se recréer. Il ne s'agit plus de contenir le symptôme, mais d'aider le patient à accomplir ce voyage. Le psychiatre devient le guide, favorisant l'aller et le retour. Comme le chamane, il doit avoir la faculté de s'insérer dans cet autre monde qui lui est étranger. Ainsi, « il fait appel à ses propres potentialités psychotiques, sans pour autant renoncer à sa santé mentale[2] ».

Le voyage (particulièrement le voyage en Inde) est l'occasion de « découvertes déréalisantes qui provoquent une déchirure dans l'univers symbolique du voyageur. Il répond aussi à un besoin fondamental de l'individu : la connaissance de soi [...] Ces deux aspects introduisent les facteurs de motivations pathologiques du départ : le désir d'être transformé magiquement

1. V. Dreyfus, « E pericoloso sporgesi », *Humeur*, 5, 1990.
2. R. D. Laing, *Le Moi divisé*, Paris, Stock, 1979.

par le seul changement de lieu comme pour fuir les conflits intrapsychiques par le déplacement du corps[1].» Ainsi, traditionnellement, les adolescents voyagent, et ce, dans toutes les cultures. Ils ont en effet besoin pour grandir, comme dans l'enfance, d'une aire de jeu intermédiaire entre eux et la réalité. Sortis de l'intimité familiale, fragilisés par leur nouveau statut, il leur faut une aire transitionnelle, un espace qu'ils devront cependant conquérir, où ils peuvent s'épanouir sans crainte et faire leurs leçons d'humanité. Loin du regard de leurs proches, ils éprouvent d'autres cultures, d'autres manières d'être au monde, non «formatées» encore par les critères modernes. Ils se décentrent par rapport à leur propre culture, mais aussi par rapport à eux-mêmes, car si, comme le dit Victor Segalen, «le voyage c'est la connaissance que quelque chose n'est pas soi-même», ces contacts avec les hommes, avec la nature, sont autant de moments structurants qui deviendront dans leur vie d'adulte des «madeleines de Proust» auxquelles ils pourront faire appel quand il faudra faire face aux contraintes de la vie. En attendant, ils répètent une dernière fois l'expérience de l'enfance et éprouvent le sentiment d'éternité qui les habite encore, mais les quittera bientôt à jamais. L'homme a en effet besoin de se sentir dans sa jeunesse, ne serait-ce que quelques instants, en résonance, en communion avec

1. V. Dreyfus, art. cit.

l'univers. Les adolescents trouvent lors du voyage en Inde à la fois cet espace potentiel pour les aider à grandir et cette expérience océanique qui semble être à l'origine de l'expérience mystique. Ils découvrent en eux de nouvelles potentialités. Poussés par la curiosité, ils trouvent ainsi le courage de continuer sur le chemin de la vie.

Recherchant ces effets stimulants, certaines personnes venaient régulièrement en Inde. Elles réussissaient parfois par ce dépaysement à éviter une rechute dépressive et trouvaient un équilibre dont elles m'ont fait part. Comme pour venir confirmer cette hypothèse, je viens de recevoir une lettre émouvante d'un haut fonctionnaire français que j'ai connu là-bas. Il m'avoue avoir été déprimé chronique pendant près de quinze ans, en particulier durant la saison hivernale. « Mais, dit-il, les années passées en Inde ont été pour [lui] des moments d'euphorie, d'excitation esthétique [qu'il] n'a connus nulle part ailleurs. » Et il termine en posant cette hypothèse : « Comme si l'Inde rendait raison et harmonie aux fous et déséquilibrait les personnes normales. »

### *Délestage d'identité*

Je me suis toujours efforcé d'être pour chacun de mes patients, avec lesquels il m'arrivait de rester plusieurs jours d'affilée, une sorte de «passeur». Je les accompagnais alors dans un voyage où je réintroduisais des repères et, surtout, avec la perspective du retour, une temporalité. Si le transfert était souvent massif, il y avait cependant peu de verbalisation, comme si la vie, les émotions et leur propre paysage intérieur emplissaient tout l'espace. Les mots venaient plus tard, dans le manque de l'Inde que ressentait le voyageur à son retour en Europe.

Le moment de la rencontre était un instant décisif, que l'on peut rapprocher de ce que Michael Balint nomme le *flash* : éclair de compréhension mutuelle entre médecin et patient, et perception quasi-intuitive de son fonctionnement afin de déceler chez lui quelque chose d'important. «S'instaure alors la perception partagée que quelque chose de fondamental a été entendu par l'autre. Il implique de la part du médecin une grande disponibilité et une grande attention à tout ce qu'il peut percevoir d'insolite dans le discours et dans le comportement[1].» Cette faculté d'empathie permet bien souvent un tournant évolutif de la crise, et en évacue parfois l'expression dramatique.

J'étais parfois confronté à des situations d'urgence qu'il fallait savoir ne pas calmer à tout prix, mais respecter comme un mode d'expression choisi par le patient et, ainsi, laisser ouvertes les possibilités maturatives de la crise. Il fallait

1. M. Balint, *Techniques psychothérapeutiques en médecine*, Paris, Payot, 1966.

assurer une présence symbolique et permettre une restauration narcissique en renforçant, dans certains cas, les défenses du sujet — à l'inverse des psychothérapies longues à visée maturative — dans une fonction d'étayage immédiat.

L'ashram de Goa servait de « contenant ». Le sujet s'y sentait en sécurité et y trouvait des messages cohérents et réparateurs. Les missions préventives me permettaient de voir les patients à plusieurs reprises : j'étais là, disponible, j'avais le temps, du temps pour eux, et le temps d'attendre qu'ils expriment le désir de rentrer — ce qu'ils faisaient souvent dès les premiers entretiens.

J'étais par ailleurs, en tant que représentant officiel du pays d'origine, le symbole d'un pouvoir non seulement médical, mais aussi culturel et social. L'exploitation de cette dimension symbolique avait des effets thérapeutiques surprenants, tant au niveau des symptômes que de l'identité. Dans ce contexte, la parole donnée avait une très grande importance. Les rapatriements se sont tous faits avec l'accord des patients et certains d'entre eux ont abrégé leur séjour sur la simple foi de mes conseils. Ma position était délicate, car le patient l'investissait plus qu'ailleurs d'un supposé « savoir et pouvoir ». Souvent, je devais ainsi affronter une administration française qui ne voulait pas comprendre qu'untel, en pleine bouffée délirante, n'avait pas vendu mais brûlé son passeport, et devait rentrer le plus rapidement possible en Europe.

Cette situation se reproduisait ensuite avec les autorités indiennes.

Les pertes de passeport étaient en effet fréquentes, ainsi que les changements d'identité : de nombreux voyageurs sont connus sous un autre nom en Inde, un simple prénom, un surnom, ou le nom donné par leur gourou. Par contre, la perte ou la vente de leurs papiers avait souvent l'allure d'une tentative d'effacement, proche de ce qu'on appelle l'amnésie d'identité, le nom du père engendrant contraintes et arrimage dans un passé, une histoire[1]. Beaucoup de voyageurs demandent à être libres, toujours de passage, et qu'on les laisse tranquilles. Ils ne veulent pas d'histoires, mais des aventures — comme Peter Pan. Et quel meilleur moyen que le changement d'identité, dans ce pays où l'on se sent de toute façon transformé et où il est si facile de se jouer de la loi (réelle et symbolique) ? Cependant, ce « délestage nominal », cet abandon du nom du père, peut faire à un moment ou à un autre retour dans le réel : un patient dont le nom rappelait le chemin, errait ainsi depuis dix ans dans les rues de Bombay ; un autre, s'identifiant lui aussi à son nom, boita pendant six mois après s'être cassé la jambe.

Il existe en Inde plusieurs méthodes de déles-

1. M. Czermak, « Des amnésies d'identité, ou de la récusation du nom du père », communication au colloque *I segretti della memoria d'identita*, Institut français de Naples, mai 1989.

tage d'identité. Tout d'abord, la vente pure et simple du passeport pour quelques centaines de francs à des gangs indiens ou européens. Cette perte s'accompagne souvent de celle des travellers chèques. On double ainsi la mise de départ, puisque ceux-ci sont remboursés par la banque. C'est une méthode classique, un des premiers rites initiatiques de la « route ». On fait ensuite une déclaration de vol et on demande un nouveau passeport au consulat. Vu les abus, les autorités françaises ne délivraient plus que des laissez-passer après vérification de l'identité en France, ce qui prenait de quinze jours à un mois. Ainsi, en cas de vol réel, la personne concernée se trouvait rapidement en difficulté et sans argent.

Beaucoup d'anciens vivaient avec un faux passeport en Inde, mais peu utilisaient cette identité usurpée pour rentrer en Occident, comme si la transgression de la loi en Inde n'était qu'un jeu comparée à la loi de leur propre pays. Ainsi, Frédéric, en Inde depuis seize ans sous diverses identités au gré des saisons et des ventes de passeport, voulait absolument rentrer en France sous son vrai nom. « Ici, c'est comme un jeu, disait-il, tout est permis. Mais en France, on ne peut pas faire n'importe quoi avec son identité. » L'exemple extrême est le cas de Georges, le tueur en série dont j'ai parlé au premier chapitre, et qui se glissait littéralement dans la peau de ses victimes.

Une autre façon de se délester de son nom est

l'abandon ou la destruction pure et simple des papiers d'identité. C'est relativement fréquent lors d'accès délirants aigus en Inde. La moitié des patients que j'ai rapatriés n'avaient ainsi plus leur passeport. Traditionnellement, cependant, les nouveaux arrivants venaient nous laisser leur billet d'avion et une photocopie de leur passeport, exprimant peut-être ainsi une peur du non-retour, physique (le billet d'avion) mais aussi psychique (la perte d'identité). Ce type de visite au consulat opérait comme une sorte de sas à l'arrivée et au départ.

### *Passeur de gué*

Si Shanti vit toujours en Inde, la plupart de nos voyageurs sont revenus de ce *passage to India*[1] qui, pour avoir valeur initiatique, implique un retour. Dans ce pays où le temps semble en congé d'éternité, la perspective de rentrer chez soi réintroduit une limite et, à ce titre, est thérapeutique. Ce moment est décisif dans l'évolution des pathologies du voyage ou des dérives initiatiques. Ma fonction a surtout été d'introduire alors « du père » et de permettre à tous ces voyageurs « égarés » de couper avec « Mother India ». À cet instant, en même temps qu'un

1. *A Passage to India* est le titre original du livre de E. M. Forster, *Route des Indes*, Paris, UGE, coll. « 10/18 », 1987.

passeport, ils retrouvent identité, nom de famille, et se ressaisissent. C'est là que l'angoisse réapparaît. Les différentes étapes du rapatriement ne doivent pas se dérouler dans la précipitation : l'Inde méprise l'Occidental pressé qui n'accepte pas la règle du temps perdu ; aller trop vite ferait courir le risque de gripper la machine administrative.

Tous les rapatriements sanitaires psychiatriques auxquels j'ai participé se sont faits avec l'accord (même passif) du patient, à qui j'ai toujours expliqué le motif de son retour. Dans la mesure du possible, j'ai essayé d'éviter leur médicalisation, d'abord pour des raisons pratiques, puisque nous n'avions pas de budget prévu à cet effet[1], ensuite pour des raisons thérapeutiques, car le rapatriement est en lui-même un traitement — d'autant plus efficace que le patient y aura participé activement. Chaque fois le voyageur a été informé sur ce qui l'attendait à son arrivée : j'étais ferme et rassurant, et je lui disais toujours la vérité. Dans le meilleur des cas, s'il arrive à l'assumer seul, comme simple passager, le voyage s'inscrira de façon positive et sera considéré par le patient et par ses proches, non pas comme un échec, mais comme une expérience.

Avant le départ, une véritable relation thérapeutique doit s'installer entre le patient et son

---

2. Les rapatriements médicalisés l'ont été aux frais des assurances ou de la famille.

accompagnateur. « Dans cette relation, le thérapeute n'a pas l'attitude classique de neutralité. Il est plus que compréhensif, il est bienveillant, il peut être compatissant. Son action est ponctuelle. Elle ne concerne qu'une étape de la guérison, celle de la restitution de l'espace interne habituel, celle du retour dans le pays d'origine [...] Il doit stimuler un "transfert positif", devenir un "bon objet" rassurant pour son patient. Il s'en approchera beaucoup plus que dans le cadre d'une relation thérapeutique traditionnelle[1]. » En effet, le rapatriement est un véritable accompagnement du malade dans son retour au réel. Simples passagers anonymes, médecin et malade n'ont plus les pieds sur terre et, dans la carlingue matricielle de l'avion, une relation fusionnelle se crée, favorisée par la privation sensorielle, l'apesanteur et une temporalité qui n'est plus l'éternité indienne, mais où rien ne marque le temps écoulé et la distance parcourue. Généralement, tout se passe bien durant le vol, si ce ne sont des comportements atypiques qui font parfois remarquer le patient par les autres passagers comme une sorte d'original. À l'arrivée, on note souvent une recrudescence de l'angoisse, mais aussi une amélioration clinique — en particulier la disparition des éléments délirants — qui fait différer l'hospitalisation initialement prévue.

1. B. Verebely, A. Liance, « Rapatriements sanitaires aériens des malades psychiatriques », *EMC*, 1985.

Malgré l'amélioration du retour, il n'est pas rare que les patients fassent une rechute dans les semaines qui suivent. Cela n'assombrit pourtant pas le pronostic, puisque les trois quarts des personnes dont je me suis occupé n'ont présenté aucun autre trouble après cette époque. Si je devais faire une comparaison, ce serait celle du « retour d'acide » que l'on peut constater à distance d'une prise de drogue comme le LSD : la personne qui n'a pas repris de toxique semble sous l'effet de ce produit pendant quelques heures. Je fais l'hypothèse que *l'Inde est toxicogène*, qu'elle agit comme une véritable drogue, entraînant dépendance psychique et physique. « Lui aimait l'Inde, elle l'avait intoxiqué », lit-on dans *Parias* de Pascal Bruckner... Il existe en effet de nombreuses analogies entre le produit Inde et le produit toxique. Quand on connaît ce pays, il semble qu'on y revienne toujours. La première fois, on peut avoir la nausée, des haut-le-cœur, voire des vomissements, puis c'est la « lune de miel » : le paradis, l'atemporalité, le sentiment de toute-puissance. Enfin, elle peut entraîner, après vous avoir meurtri le corps et l'âme, jusqu'à la déchéance totale et la mort. Cette analogie s'illustre par la description des trois étapes de l'expérience toxicomaniaque décrites par Claude Olievenstein :

– Le flash. C'est la rencontre avec l'Inde, qui bouleverse la notion du temps vécu.

– La planète. C'est le séjour sur cette autre planète qu'est l'Inde. « Tout y est permis et tout y est osé. Tout semble baigner dans un grand ralenti, dans une douce atmosphère de chaleur. »

– La descente. C'est le retour. « Peu à peu, par paliers, le sujet se réintroduit dans la vie réelle. D'un monde cosmique ou fantasmatique, il passe à son monde quotidien et personnel. [...] Le toxicomane est totalement réintroduit dans le temps et l'espace des autres. Accepter cette situation apparaît au sujet comme intolérable, ce d'autant plus que le souvenir est là, aussitôt enjolivé, accessible et réalisable[1]. » Il n'a alors plus qu'une idée : retourner dans cet ailleurs.

C'est peut-être pour garder, comme le Petit Poucet, une trace de leur voyage et se prouver qu'il avait bien eu lieu que la plupart des patients m'ont par la suite écrit — et peut-être même est-ce pour cette raison que j'ai fait ce livre. Tous m'ont surpris par la pertinence de leurs propos et la structuration de leur discours qui contrastait avec l'état dans lequel je les avais rencontrés. Ils verbalisaient ainsi ce qu'ils n'avaient pu dire quand ils vivaient intensément cette expérience. J'étais le lieu psychique qui l'avait reçue, inscrite non seulement dans ma mémoire, mais aussi sur les registres de consultation du consulat de France. On avait fait un bout de chemin

1. C. Olievenstein, *Écrits sur la toxicomanie*, Paris, Éditions Universitaires, 1975.

ensemble, « la psychothérapie s'effectuant là où deux aires de jeu se chevauchent : celle du patient, celle du thérapeute[1] ». Le plus important, c'est que leur voyage dans ce pays où il semble qu'on puisse vivre une sorte d'« expérience culturelle de la folie » soit un souvenir positif et non un échec. Et pour cette nouvelle identité forgée au « souffle de l'Orient », connaissant peut-être mieux ses limites, le plus dur reste à faire : s'inscrire parmi les siens.

1. D. W. Winnicott, *Jeu et réalité. L'Espace potentiel*, Paris, Gallimard, 1975.

CONCLUSION

# À la recherche du sentiment océanique

> « Ce sentiment, il l'appellerait volontiers la sensation de l'éternité, il y verrait le sentiment de quelque chose d'illimité, d'infini, en un mot : d'océanique [...] Il s'agirait donc d'un sentiment d'union indissoluble avec le grand tout, et d'appartenance à l'universel. »
>
> SIGMUND FREUD

J'ai essayé dans ce livre de garder la trame et la rigueur d'un travail « scientifique », mais aussi de faire le récit vivant d'une expérience qui se poursuit, en Inde comme en France. Je reste fidèle à la position de « passeur » que j'avais prise à l'époque : passeur entre deux mondes, mais surtout compagnon d'une aventure qui mène de l'enfance à l'âge adulte. Ce parcours « initiatique » n'est pas sans risque, car si l'Inde sait parler à l'enfant qui est en nous, elle sait aussi le retenir, physiquement et mentalement.

Ainsi, de nombreux Occidentaux présentent lors de ce voyage des phénomènes de déréalisation et/ou de dépersonnalisation qui mènent de l'angoisse à l'extase[1]. Ces moments d'effraction des limites du moi peuvent survenir au cours de tout voyage, mais sont accentués par le climat religieux et la temporalité propres à cette civilisation qui fonctionne pour nous comme un mythe. Ce pays provoque des émotions intenses, « brasse » l'inconscient et fait resurgir des choses enfouies en nous depuis longtemps — comme cela peut arriver lors d'événements forts de la vie.

Même si ces épisodes délirants étaient parfois « bruyants », voire impressionnants, j'ai préféré les considérer comme des moments de « crise » et avoir une fonction d'accompagnateur de cette « solution délirante ».

Cette place privilégiée de passeur entre deux réalités m'a permis de constater que l'on pouvait articuler la plupart de ces états autour d'une expérience psychique commune, difficilement verbalisable, et qui ne peut être simplement réduite à une pathologie psychiatrique.

J'ai utilisé la notion de sentiment océanique, introduite par Romain Rolland et reprise par Freud[2], pour définir ce « mouvement mental » qui se caractérise, tout d'abord, par une impres-

1. Pour reprendre le titre du livre de Pierre Janet. *Cf. De l'angoisse à l'extase*, Paris, Alcan, 1926.

2. S. Freud, *Malaise dans la civilisation*, Paris, PUF, 1983, p. 6.

sion d'étrangeté. Celle-ci laisse ensuite place à une exaltation qui peut déboucher sur l'angoisse et/ou sur le délire, mais aussi sur un sentiment de bien-être et de joie intense. Ce « ravissement » se rapproche de l'extase et semble être à l'origine de toute « religiosité ». Dans le livre qu'il lui consacre, Michel Hulin regroupe sous le terme de mystique sauvage cette sensation océanique non canalisée par les traditions initiatiques ou les églises. Il y décrit un scénario très proche de celui dont parlent nos voyageurs : déréalisation et trouble subit du cours de la pensée, espace-temps différent, « puis retour impromptu dans ce monde et difficile réadaptation aux conditions qui y règnent[1] ». Nous revoilà dans l'Inde toxicogène et ses « éprouvés » qui nous sont maintenant familiers : perception plus vraie de la réalité et du monde, « vertige de naître à une autre dimension, d'accéder intuitivement à un savoir universel, afflux inopiné de joie gratuite, imméritée qui submerge la personne ». Ce « soudain émerveillement fait défaillir l'entendement et rend la parole balbutiante[2] ». On a alors l'impression d'être plein[3], pleinement vivant, totalement libre, avec un sentiment

1. M. Hulin, *La Mystique sauvage. Aux antipodes de l'esprit*, Paris, PUF, 1993, p. 275.

2. *Ibid.*, p. 79.

3. Dans tous les sens du terme : féminin (plein de la grossesse), masculin (plein d'énergie), mais aussi le plein de la « psychose » (ou ce que nous nommons tel en Occident) au sens du non-manque et du non-désir.

d'appartenance à l'universel, simple élément parmi les éléments.

C'est Ramakrishna qui a inspiré Romain Rolland dans le choix du terme « océanique », fondé sur « l'aptitude naturelle de cet adjectif à exprimer une certaine dilatation et expansion des frontières du moi[1] ». Il reprend ainsi à son compte la classique métaphore de la philosophie védantique identifiant le couple conscience personnelle *(atman)*/conscience suprapersonnelle *(brahman)* au couple vague/océan. « L'âme individuelle est à l'âme universelle, ce que la vague est à l'océan. Ignorante, [...] elle ressemble à une vague qui se croirait indépendante des autres, se soulevant de son propre élan et retombant par sa propre faiblesse. Éclairée, elle est comparable à une vague qui n'aspirerait plus qu'à se résorber dans la masse liquide avec laquelle elle fait corps. [...] Le "salut" est compris ici en termes d'abolition de toute frontière entre soi-même et l'Autre. Il s'agit, pour chaque vague, [...] de consentir à s'écouler dans cesse dans les autres vagues et à s'enfler d'elles en retour, toutes pareillement traversées par le perpétuel flux et reflux d'un même soulèvement[2]. » Il faut capter la vibration primordiale et comprendre qu'un même élan vital nous anime tous depuis toujours et à jamais. La sensation océanique, disent les mystiques, « salue le dépôt

1. *Ibid.*, p. 26.
2. *Ibid.*

du fardeau de la volonté personnelle». Ce «lâcher prise» avec la prétendue réalité nous emmène vers d'autres rivages. Notre perception du réel change. Nous avons alors le «sentiment d'être brutalement confronté, comme les prisonniers sortant de la caverne platonicienne, à une sorte de surréalité éblouissante et écrasante[1]». On comprend mieux pourquoi nos voyageurs, submergés par ces sensations, sont alors pris de panique et perdent non seulement leurs repères, mais aussi leur identité, qu'ils n'hésitent pas à jeter par-dessus bord quand ils réalisent que l'existence n'est que théâtre d'ombre.

Comme le font remarquer C. Clément et S. Kakar, les mêmes métaphores sont évoquées par Ramakrishna et sa contemporaine Madeleine, patiente de Pierre Janet. «La goutte d'eau dans l'océan, le grain de sable au bord de la mer et l'obsédante présence de ces vagues qui les assaillent, les emportent, les font s'envoler au-dessus de notre monde et les rendent légers comme l'air, bulles flottantes qui bientôt se dissolvent[2]...» Pourtant, Madeleine n'a pas été influencée par la philosophie hindoue. Elle décrit simplement à son psychiatre les moments d'extase qui l'envahissent et lui offre cet «orgasme mystique», ce qui est une manière comme une autre de vivre son transfert. À l'autre bout du

1. *Ibid.*, p. 287.
2. C. Clément, S. Kakar, *La Folle et le Saint*, Paris, Seuil, 1993, p. 16.

monde, Ramakrishna décrit les mêmes sensations, mais elles sont là-bas reconnues par sa culture qui fait de lui un saint homme.

Ce terme d'océanique nous introduit dans un univers aquatique, étrangement familier, qui « fait remonter les origines ». Il exprime un côté insondable, et l'impression de ne plus trouver de point d'appui, mais aussi d'infini, avec la temporalité particulière qui s'y rattache : la sensation d'éternité.

L'océanique indique également le côté soudain et imprévisible de cette expérience « fulgurante », comme une vague qui brutalement submerge et entraîne vers le large. « La peur de perdre le contrôle de soi est une chose terrifiante et à la fois exquise[1] » et « quand on est adulte, normalement en cas d'extase subite la panique est de règle[2] ». La plupart des personnes ont ainsi peur de laisser tomber leurs défenses et de se risquer à l'aventure océanique. Mais si l'on accepte de quitter la terre ferme et de s'abandonner au rythme des courants, passé un premier moment d'angoisse, vient une douce sensation d'apesanteur, de liberté infinie. Comme des anémones de mer, nous laissons alors s'épanouir les pseudopodes de notre sensibilité et nous plongeons (*Le Grand Bleu* de Luc Besson est un film cher aux adolescents) vers l'ivresse des profondeurs. Les limites disparaissent alors peu à

1. *Ibid.*, p. 173.
2. *Ibid.*, p. 175.

peu et « le moi cesse d'exister [...] il est entré en communication avec le réservoir universel ou s'est résorbé en lui. C'est ce mouvement de dissolution et d'expansion illimitée qu'on appelle le sentiment océanique[1] ».

Cette expérience que l'on peut qualifier d'extatique intriguait Freud, mais il s'en méfiait en tant que médecin rationaliste en lutte contre toute forme d'illusion religieuse ou politique et a été l'amorce du dialogue avec Romain Rolland. Dans leur correspondance, on retrouve deux manières d'aborder la réalité du monde. Elles peuvent paraître antagonistes mais sont pourtant complémentaires comme l'art et la science, l'Orient et l'Occident, avec d'un côté la part « féminine », intuitive, et de l'autre, la part masculine, pragmatique, « occidentale », qui cohabitent en chacun de nous. Romain Rolland, « familier de cette sensation de l'éternel », et qui attendait de la civilisation indienne « quelque chose comme une possibilité de ressourcement pour l'Europe », écrivait en décembre 1927 à Freud : « Tout au long de ma vie, elle ne m'a jamais manqué[2]. » De son côté, Freud lui opposait sa sobre lucidité et son scepticisme désillusionné. Il pointait l'essence régressive de ce phénomène qui tend en quelque sorte au

1. A. Koestler, *The Invisible Writing*, New York, Stein & Day, 1984, cité par M. Hulin, *op. cit.*, p. 429-431.

2. Lettre à Freud du 5 décembre 1927, citée *in* M. Hulin, *ibid.*, p. 25.

rétablissement du narcissisme primaire de la toute petite enfance, quand l'enfant et la mère ne sont pas encore séparés[1]. Il faisait remarquer le caractère subjectif et personnel de l'expérience car « en lui-même impossible de découvrir pareil sentiment océanique ». Cependant, « le déclic n'a de chances de se produire que là où le sujet consent à ce dépaysement radical dans lequel l'a plongé l'angoisse », et « souvent l'expérience extatique avorte au profit d'une expansion incontrôlable de cette angoisse[2] ». Freud reconnaît ainsi « qu'il n'est pas facile de franchir ses propres limites », et « qu'il existe absolument certains faits que nous ne pouvons pas connaître actuellement[3] ». Il « refoula cependant consciencieusement l'Inde que lui apportait Romain Rolland[4] ».

Quelques individus « normaux » conservent à l'âge adulte un accès au sentiment océanique et d'autres non. Cette « ouverture » est encouragée par certaines cultures qui « ont mis au point génération après génération des techniques d'induction et des codes de déchiffrement de cette expérience[5] ». Alors, pourquoi notre civili-

1. *Cf.* S. Le Poulichet, « Le concept de narcissisme », *in* J.-D. Nasio, *Enseignement de 7 concepts cruciaux de la psychanalyse*, Paris, Payot, coll. « Petite Bibliothèque Payot », 1992.

2. M. Hulin, *La Mystique sauvage*, *op. cit.*, p. 82.

3. Lettre de Sigmund Freud à Romain Rolland du 19 janvier 1930, in *Correspondance*, Paris, Gallimard, 1966.

4. C. Clément, S. Kakar, *La Folle et le Saint*, *op. cit.*, p. 99.

5. M. Hulin, *La Mystique sauvage*, *op. cit.*, p. 293.

sation la néglige-t-elle et en fait au pire une pathologie mentale, au mieux un simple « égarement » régressif ? Le sentiment océanique est-il une illusion nécessaire ? Une sorte d'amour qui unit l'homme à l'univers, aussi vital pour la survie de l'espèce humaine que l'amour qui le relie à son prochain ? Mais l'amour n'est-il pas le plus commun des voyages pathologiques[1] ?

Une des caractéristiques de l'adolescence semble être cette recherche de la sensation océanique, quête quasi mystique d'un bonheur sans condition. Cette étape initiatique que notre société semble occulter, tout comme la mort, ne fait-elle pas cruellement retour dans ce raccourci de l'extase qu'est la toxicomanie ?

La quête du sentiment océanique semble commune à la plupart des voyageurs que j'ai rencontrés. Plus ou moins recherchée consciemment, cette forme d'extase sauvage peut être provoquée par l'ascèse mystique, l'usage de la drogue, mais aussi survenir à l'occasion d'un choc émotif, au cours de ce voyage qui favorise déjà en lui-même « l'absorption mystique ». Catherine Clément elle-même, lorsqu'elle évoque ses premières impressions indiennes, confie « qu'elle s'était édifiée de solides défenses pour rien. Elle fut submergée par la puissance et la liberté de ce grand livre de l'inconscient qu'est l'Inde. Ah ! c'était une autre affaire que les querelles

1. Si l'on reprend la définition du voyage pathologique comme voyage motivé par une idée délirante.

claniques ! Hormis un noyau d'athéisme résistant, ses repères se perdirent ; son paysage intérieur, cet échafaudage, dont les intellectuels français mesurent rarement l'intense fragilité, implosa. Quand tout se fut écroulé, l'ami indien était là, à qui elle pouvait parler[1]... »

De retour en France, je me suis intéressé à des lieux qui pourraient offrir un tel champ d'expériences et cette recherche de la sensation océanique. Je l'ai trouvé à travers la créativité des squats artistiques parisiens et dans le mouvement des raves. J'ai croisé quelques-uns de nos voyageurs indiens dans ce « never never land » métropolitain, car ce n'est pas la distance qui fait le pays de Peter Pan, mais l'absence de conditions. Les adolescents qui affluent dans ces endroits le savent bien et s'apprêtent à une nouvelle migration en masse vers l'Inde. Même s'ils ont fait un jour ce voyage en Orient, leurs parents ont raison de s'inquiéter. Car si le vacillement indien, véritable *décentrage culturel* est initiatique, les adolescents peuvent aussi tomber dans le piège de la répétition des épreuves qui devaient le consacrer : errance sans but et sans retour, toxicomanie, enfermement dans certains ashrams sectaires, ou spirale sans fin d'une vie où les parties succèdent aux parties et deviennent la seule raison d'être. Tous ces dangers guettent le jeune voyageur qui se laissera peut-être tenter, mais qui doit bien garder

1. C. Clément, S. Kakar, *La Folle et le Saint*, *op. cit.*

à l'esprit que ce temps en marge n'est qu'un passage.

J'ai gardé contact avec l'Inde où je suis retourné régulièrement. J'y ai revu d'ex-patients non plus en tant que psychiatre du consulat, mais comme simple voyageur, ou lors de rapatriements pour les compagnies d'assurances. J'en ai également rencontré en France. Certains se sont sédentarisés, d'autres continuent leur recherche de la « sensation océanique » à travers l'art ou le mysticisme, mais tous gardent une trace indélébile de leur séjour en Inde. Dans tous les cas, ce « passage » fait lien entre ceux qui ont vécu cette expérience. La plupart y retournent régulièrement et croisent parfois quelques personnes qui n'arrivent plus à échapper à la terre indienne.

Les Occidentaux ont toujours recherché là-bas un dépaysement total et cela ne va pas sans risque pour leur équilibre psychique. La perte des repères et les accidents psychopathologiques qui en découlent montrent que notre réalité organisée par le fantasme est sous la dépendance de l'univers symbolique qui nous détermine. Elle « s'étiole » si nous sommes brutalement ou trop longtemps exposés à un univers symbolique très différent du nôtre.

Ainsi, cette aventure qui a valeur initiatique avec les risques que cela comporte, nous amène vers les rivages de nos propres limites et de la folie. Ce n'est plus un simple déplacement vers un ailleurs géographique et sociologique, c'est aussi une exploration de notre géographie intérieure. Ce pays qui donne à voir un autre réel, une autre manière d'être au monde, et où, comme l'écrit Pascal Bruckner, « flotte partout [...] l'odeur des choses à naître[1] », nous ramène à nos origines. Beaucoup y viennent pour se transformer, renaître, ou essayer de rompre avec une destinée qui agit comme un *fatum*, un inexorable. D'autres tentent d'y combler une faille narcissique ou simplement de fuir « le malaise dans la civilisation », et recherchent ce « sentiment océanique, d'union intime avec le grand tout » : le principe de plaisir prend ainsi sa revanche sur le principe de réalité.

Cependant, la toute-puissance que l'on ressent dans ce pays où tout semble encore possible, peut laisser place à une sensation de fragilité et d'ambivalence passionnée envers l'Inde. Et le plus souvent, au bout d'un certain temps, tels les anges de Wim Wenders dans *Les Ailes du désir*, les Occidentaux y errent sans but, hors monde et hors désir, à l'abri du manque, de la souffrance et de la vie. Alors, certains y réintroduisent le manque opiacé, d'autres s'y égarent après avoir détruit leur identité ou essaient de choir parmi les hommes. On ne fuit pas la castration sans risque. Au bout du chemin, la limite peut être la mort. Mon rôle en Inde a été d'accompagner et d'aider ces voyageurs-pèlerins à revenir indemnes de ce double voyage, de le

1. P. Bruckner, *Parias*, Paris, Seuil, 1985, p. 180.

positiver et d'en tirer le plus d'enseignements possible. Car ce champ d'expérience unique au monde est précieux, et l'Inde représentera toujours pour nous, Occidentaux, le pays merveilleux de nos rêves d'enfants, même si nous savons que ce n'est qu'un autre aspect de la *maya* : l'apparence illusoire du monde.

# ÉPILOGUE

De retour en Inde, il y a quelques années, avec ma femme et notre premier bébé, je repensais avec nostalgie à cette sensation de liberté que je ressentais dès que je posais le pied sur cette terre. J'avais alors l'impression d'être de retour chez moi, avec l'éternité pour avenir. Mais cette fois, rien de tout cela. Agressés par la foule, les odeurs, je me demandais ce que nous faisions à Bombay, dans le chaos indien. Et l'éternité paraissait bien courte entre deux tétées !

Qu'étions-nous venus chercher ? Un réconfort, une enveloppe maternante, ou simplement un peu de temps ? Celui, peut-être, de renaître vraiment parents, d'accorder nos cœurs à celui de ce petit d'homme qui nous interrogeait sur les mystères de la vie. Alors que dans le froid parisien sa naissance semblait déjà oubliée, banalisée, la transgression culturelle représentée par ce voyage avec un bébé de trois mois avait valeur de rite. Elle pointait géographiquement le chemin parcouru et les manques de notre culture aux moments charnières de l'existence.

Quoi qu'il en soit, le sentiment océanique avait disparu. Agrippés à nos bagages, le couffin en bandoulière, nous étions échoués à l'autre bout de la planète, en plein conflit entre hindous et musulmans. Pourtant, malgré le couvre-feu, rien ne semblait avoir changé. Les douaniers nous avaient souhaités la bienvenue en embrassant notre fils, le bénissant pour ce premier séjour dans leur pays : « You trust India. You bring your baby. » (« Vous faites confiance à l'Inde, puisque vous venez avec votre bébé ! ») Alors, pourquoi ces remarques chaleureuses, humaines, venaient-elles accroître la moiteur ambiante ? Nous nous sentions lourds, de plus en plus lourds... pas moyen de se délester comme auparavant.

Arrivés dans les quartiers chics de Malabar Hill, où des amis nous avaient prêté leur appartement, une angoisse filtra. La nuit blanche dans l'avion y était peut-être pour quelque chose, mais ce luxe nous parut anachronique. D'étranges peurs nous envahirent et, soudain, tout le poids de la culpabilité nous écrasa. Et si, comme nous l'avait dit un steward français dans l'avion, nous étions vraiment fous d'être venus en Inde avec le bébé[1] ? Un horrible corbeau

---

1. Un peu plus tôt, un Indien m'avait demandé ce que j'avais sur l'épaule. Je lui avais répondu dans un anglais approximatif : « My baby in a couffin. » Il m'avait regardé,

vint se pencher sur le couffin. Allait-il arracher les yeux de notre enfant ? Et celui-ci ne risquait-il pas de mourir déshydraté, ou victime d'une amibiase, ou encore de paludisme ? Loin de notre culture, tout prenait une dimension dramatique. Pourtant, nous n'étions pas des novices : chaque année, nous avions l'habitude de couper le long hiver parisien en venant nous ressourcer pendant un mois dans ce bain d'humanité qu'est l'Inde.

Je me souvins alors de ces voyageurs paniqués, dont c'était le premier séjour en Inde, et qui venaient chercher refuge au consulat en demandant le rapatriement immédiat. Je les voyais deux ou trois fois, les rassurais pour qu'ils puissent commencer tranquillement leur périple indien. Ils avaient simplement besoin d'être écoutés et de retrouver des repères dans cette atmosphère déréalisante. Leur effroi venait de ce qu'ils ne trouvaient pas les mots pour en parler. Quelques semaines plus tard, la majorité d'entre eux revenaient épanouis, riant de cette frayeur première, honteux d'avoir « bloqué », de ne pas s'être laissés porter par le courant.

Ce choc culturel que j'avais moi-même ressenti lors de mon premier voyage ne vaccinait donc pas. Il pouvait réapparaître à l'occasion d'autres séjours. Il fallait attendre, attendre que ça passe. Mais ce jour-là, nos amis étant absents,

---

interloqué, puis avait tourné les talons. Je compris plus tard ma méprise : en anglais, *coffin* signifie « cercueil » !

point d'oreille bienveillante, point de « passeur » à qui confier notre déroute.

Au bout de quelques heures, je téléphonai à un résident qui déplora le fait que le poste de médecin psychiatre ait été supprimé au consulat, car la demande des ressortissants français était toujours aussi importante. Je lui parlai de mes angoisses, ce qui lui fit presque plaisir, car il ne partageait pas mon enthousiasme pour ce pays. « Maintenant que vous avez un enfant, me dit-il, vous comprenez : Bombay est une moquette de glaviots, c'est de la diarrhée, jusqu'à la nourriture qui a une apparence fécale... » Il avait pourtant l'habitude de l'Asie, mais n'avait jamais pu s'acclimater à l'Inde et surtout à Bombay, où il travaillait. Je lui expliquai qu'en ce qui me concernait, ce n'était qu'une impression fugitive liée à la fatigue et que je ne tarderais pas à retrouver une vision plus optimiste du monde indien.

En effet, dès le lendemain, nous avons pu reprendre tranquillement notre voyage, lequel s'est déroulé sans problème. Cependant, impossible de se replonger dans la vague océanique, de se laisser porter, insouciant, au gré des courants chauds. La magie n'opérait plus. Que s'était-il donc passé ? Avions-nous changé si brutalement ? Était-ce le fait d'être parents ?

Tout simplement, je crois que nous venions de basculer de l'adolescence à l'âge adulte.

# GLOSSAIRE

**Artha** : la vie matérielle et les moyens de subsistance.

**Ashram** : lieu de retraite où des fidèles d'une communauté religieuse ou philosophique se placent sous la direction spirituelle d'un gourou ou maître à penser pour y recevoir son enseignement.

**Ashramas** : les quatre étapes de la vie dans la religion brahmanique.

**Atman** : l'âme individuelle selon la métaphysique brahmanique.

**Baba :** l'ami, le frère, par extension le renonçant aux biens matériels.

**Brahman** : l'âme universelle selon la métaphysique brahmanique.

**Brahma** : le créateur, l'un des trois principaux dieux du panthéon hindou.

**Brahmane, brahmines** : membre de la caste des lettrés et des prêtres.

**Bramacharya** : première étape de la vie dans la religion brahmanique.

**Caste** (de *casta*) : mot d'origine portugaise signifiant « race non mélangée ».

**Dharma** : la Loi, l'ordre du monde sous tous ses aspects, religieux, social, politique, métaphysique.

**Fakir** : moine mendiant, mais le terme est souvent péjoratif, les véritables ascètes sont généralement appelés sadhous.

**Garhasthya** : deuxième étape de la vie dans la religion brahmanique.

**Gourou (ou guru, acharya)** : maître à penser, guide spirituel, enseignant.

**Harijan** : nom donné par le Mahathma Gandhi aux Intouchables.

**Intouchables (ou parias)** : individus hors castes, appelés « polluants » par les brahmanes.

**Jati** : caste endogame (littéralement : naissance).

**Kama** : l'assouvissement des désirs naturels et la recherche du plaisir.

**Karma** : le poids des actes accomplis dans nos vies antérieures qui détermine notre sort présent.

**Kshatriya** : ceux du pouvoir, membres de la caste des nobles et des guerriers.

**Lingam (ou linga)** : symbole évoquant une forme de phallus du dieu Shiva (littéralement : signe) auquel est toujours associé le *yoni*, symbole féminin (littéralement : la vulve).

**Lota** : récipient de cuivre servant aux ablutions.

**Mantra** : formule sacrée. Le *mantra* le plus sacré est la syllabe *om*.

**Maya** : l'illusion, l'apparence illusoire du monde.

**Moksha ou mukti** : la libération.

**Nirvana** : état d'absence au terme de l'existence terrestre de ceux qui ont accédé à l'illumination *(bodhi)* et qui interrompt le cycle des renaissances.

**Panth** : voie, route vers la *moksha.*

**Sadhou** : renonçant, ascète errant.

**Sannyasya** : quatrième étape de la vie dans la religion brahmanique.

**Sannyasi** : personne qui est dans la quatrième étape de la vie dans la tradition brahmanique et qui, après avoir accompli les devoirs propres à sa caste et à son âge, quitte le monde social et matériel.

**Shiva** : le destructeur, l'un des trois principaux dieux du panthéon hindou.

**Shudra** : caste des paysans et des artisans.

**Vaishya** : caste des marchands.

**Vanaprastha** : troisième étape de la vie dans la religion brahmanique.

**Veda** : livres sacrés réservés aux initiés (savoir, en sanscrit).

**Vishnu** : le conservateur, l'un des trois principaux dieux du panthéon hindou.

*Tableau explicatif des castes**

| DANS LE MONDE<br>Valeur propre et devoir de chaque caste | CASTES<br>ou *varnas*, auxquelles sont rattachées les *jatis* (naissances) | |
|---|---|---|
| *Dharma :* la loi du bon ordre de l'univers, la loi morale, maintenue grâce aux rituels des brahmanes. | *Brahmanes :* caste des prêtres, des spécialistes du rituel religieux, mais surtout des lettrés : docteurs en médecine, informatique, littérature, etc., et ingérieurs. Ils représentent 6 % de la population. | Brahmanes, kshatriyas et vaishyas sont initiés aux livres sacrés, les *vedas*. |
| *Artha :* la vie matérielle et les moyens de subsistance. On distingue le profit public (domaine des *kshatriyas*) et le profit privé (domaine des *vaishyas*). | *Kshatriyas :* caste des nobles et des guerriers, c'est-à-dire de ceux qui sont au pouvoir. Ils représentent 6 % de la population. | |
| | *Vaishyas :* caste des commerçants et marchands. Ils représentent 8 % de la population. | |
| *Kama :* l'assouvissement des désirs naturels et la recherche du plaisir. | *Shudras :* caste des cultivateurs et des artisans. Ils représentent 50 % de la population, auxquels il faut ajouter les femmes non mariées, qui appartiennent aussi à la caste des shudras. | |
| *Hors-varna :* sans valeur propre. | *Intouchables* (ou *harijans*) : 30 % de la population. | |
| HORS DU MONDE<br>ou *Adharma* (en dehors des règles sociales) | EN DEHORS DES SYSTÈMES DE CASTES | |
| *Moksha* (ou *mukti*) : vérité suprême dont la réalisation est la délivrance. C'est la libération du cycle des renaissances, l'absorption en *brahman* (âme universelle, distincte de l'*atman*, l'âme individuelle). | *Sadhus* (ou renonçants) : ils représentent environ 0,1 % de la population et parfois deviennent *gourous* (enseignants). Par l'ascèse et la méditation, l'individu pourra se délivrer des conditionnements de la pensée domestique, déchirer le voile de la connaissance illusoire (*maya*) et atteindre l'unité avec l'absolu, la réalité suprême : le *brahman*. | |

* Merci à Jean-Luc Chambard.

# BIBLIOGRAPHIE


Airault R., *À la recherche du sentiment océanique. Manifestations psychopathologiques et demandes de soins chez les migrants occidentaux en Inde*, mémoire pour le CES de psychiatrie, Paris, 1991.

Airault R., « De l'imprévu du voyage à l'usage du monde », *Psychiatrie française*, 2/99, juillet 1999.

Airault R., « L'Inde et les Occidentaux. Particularité des accidents psychopathologiques dans ce pays », *Humeur*, 5, 1990.

Airault R., « Le vol et la kleptomanie », *in* T. Albernhe (dir.), *Criminologie et Psychiatrie*, Paris, Ellipse, 1997.

Amadeo S., Fourcade M.-L., Jubert F., Petit Y., « Voyages pathologiques à Tahiti : mythes et réalités cliniques », *Société médico-psychologique*, avril 1997.

Amado P., « Réalités de la civilisation indienne », in *Inde*, Paris, Hachette, coll. « Guide bleu », 1981.

Arveiller J., « Hachisch, romantisme et voyage initiatique », *L'Information psychiatrique*, 66 (5), 1990.

Assoun P.-L., *Le Voyageur barbare. Pour une lecture psychanalytique de Henri Michaux*, Paris, Ellipse, 1992.

Aupourrain J.-P., *Les rêves meurent sous la drogue*, Paris, Flammarion, 1977.

Balint M., *Techniques psychothérapeutiques en médecine*, Paris, Payot, 1966.

Barbier A., *Les Fantasmes originaires*, Toulouse, Privat, 1986.

Barrie J.-M., *Peter Pan*, Paris, Gallimard, coll. « Folio junior », 1988.

Bègue J.-M., « Moreau de Tours, ethnopsychiatre », *Évolution psychiatrique*, 1990.

Berchet J.-C., « Genèse de l'ethnopsychiatrie », *Psychopathologie africaine*, XXXIII, 2, 1997.

Berchet J.-C., *Le Voyage en Orient. Anthologie des voyages français dans le Levant au XIXe siècle*, Paris, Robert Laffont, 1992.

Bergeret J., Fain M., *Le Psychanalyste à l'écoute du toxicomane*, Paris, Dunod, 1981.

Bergeret J. (dir.), *Abrégé de psychologie pathologique*, Paris, Masson, 1972.

Bergeret-Amselek C., *Le Mystère des mères*, Paris, Desclée de Brouwer, 1998.

Besançon G., « Du voyage, occasion pathologique », *Humeur*, 5, 1990.

*Bhagavad-Gita*, Paris, Éditions de l'Imprimerie nationale, 1992.

Biardeau M., *L'Hindouisme. Anthropologie d'une civilisation*, Paris, Flammarion, 1981.

Boss M., *Un psychiatre en Inde*, Paris, Fayard, 1971.

Bouvier N., *L'Usage du monde*, Paris, Payot, coll. « Petite Bibliothèque Payot / Voyageurs », 1992.

Braconnier A., Marcelli D., *Psychopathologie de l'adolescent*, Paris, Masson, 1984.

Briand M., Morel J., Livet L., « Trois cas de voyages pathologiques », *Annales médico-psychologiques*, 1914.

Brion M., *L'Allemagne romantique. Le Voyage initiatique*, Paris, Albin Michel, 2 vol., 1977.

Bruckner P., *Parias*, Paris, Seuil, 1985.

Bruckner P., *Le Sanglot de l'homme blanc. Tiers-monde, culpabilité, haine de soi*, Paris, Seuil, 1983.

Caroli F., Masse G., « La notion de voyage pathologique », *Annales médico-psychologiques*, 1981.

Chambard J.-L., « L'Occident vu du monde indien », *Nouvelles de l'Inde*, 248, juin-juillet 1984.

Charles-Nicolas A., « À propos des conduites ordaliques : une stratégie contre la psychose », *Topique*, 35-36, 1985.

Clément C., Kakar S., *La Folle et le Saint*, Paris, Seuil, 1993.

Cooper D., *Mort de la famille*, Paris, Seuil, 1971.

Cooper D., *Psychiatrie et antipsychiatrie*, Paris, Seuil, 1970.

Cremieux A., Dongier M., Tatossian A., Pache R., « Fugues et existence vagabonde », *Comptes rendus du congrès des médecins aliénistes et neurologistes*, Lyon, 1957.

Czermak M., « Des amnésies d'identité ou de la récusation du nom du père », Institut français de Naples, dans le cadre du colloque *I segretti della mémoria d'identita*, 1989.

Deleury G., *Le Modèle hindou*, Paris, Éditions Kailash, 1993.

Deleury G., *Les Indes florissantes. Anthologie des voyageurs français (1750-1820)*, Paris, Robert Laffont, coll. « Bouquins », 1991.

Deleury G., *Toukaram ou les psaumes du pèlerin*, Paris, Gallimard, 1989.

Deleury G., *Renaître en Inde*, Paris, Stock, 1976.

Devereux G., *Essais d'ethnopsychiatrie générale*, Paris, Gallimard, 1970.

Dubor P., « La structure psychotique », *in* J. Bergeret (dir.), *Abrégé de psychologie pathologique*, Paris, Masson, 1972.

Dolto F., *La Cause des adolescents*, Paris, Pocket, 1997.

Dreyfus V., « E pericoloso sporgersi », *Humeur*, 5, 1990.

Droit R.-P., *L'Oubli de l'Inde. Une amnésie philosophique*, Paris, PUF, 1989.

Duchaussois C., *Flash, ou Le Grand Voyage*, Paris, Fayard, 1975.

Dumont L., *La Civilisation indienne et nous*, Paris, Armand Colin, 1975.

Dumont L., *Homo hierarchicus. Le Système des*

*castes et ses implications*, Paris, Gallimard, 1966.

Duras M., *Le Vice-Consul*, Paris, Gallimard, coll. « L'Imaginaire », 1966.

Eliade M., *Mythes, rêves et mystères*, Paris, Gallimard, coll. « Idées », 1978.

Erikson E. H., *Adolescence et Crise*, Paris, Flammarion, 1972.

Ey H., *Manuel de psychiatrie*, Paris, Masson, 1996.

Ferrari P., Braconnier A., « La route », *La Revue du praticien*, 26 (43), 1976.

Forster E.-M., *Route des Indes*, Paris, UGE, coll. « 10/18 », 1987.

Foucault M., *Histoire de la folie à l'âge classique*, Paris, Gallimard, 1972.

Foville A., « Les aliénés voyageurs ou migrateurs. Étude clinique sur certains cas de lypomanie », *Annales médico-psychologiques*, 14 (5), 1875.

Freud S., « Un trouble de mémoire sur l'Acropole », in *Résultats, idées, problèmes II (1921-1938)*, Paris, PUF, 1992.

Freud S., *Le Délire et les rêves dans la Gradiva de W. Jensen*, Paris, Gallimard, coll. « Folio/Essais », 1991.

Freud S., *Malaise dans la civilisation* (1929), Paris, PUF, 1983.

Gébérovitch F., *Une douleur irrésistible. Sur la toxicomanie et la pulsion de mort*, Paris, Inter-Éditions, 1984.

Godrèche D., « Le syndrome de Jérusalem », *Nouvelles clefs*, 8, 1995-1996.
Guillebaud J.-C., *Un voyage vers l'Asie*, Paris, Seuil, 1980.
Guillerm L.-C., Marc B., « Voyage en mer et fantasmes », *Synapse*, 107, 1994.
Ginsberg A., *Journaux indiens*, Paris, Christian Bourgois, 1970 ; rééd. coll. « 10/18 », 1995.
Hesse H., *Le Voyage en Orient*, Paris, Calmann-Lévy, 1948.
Hesse H., *Siddhartha*, Paris, Grasset, 1971.
Hulin M., *La Face cachée du temps*, Paris, Fayard, 1985.
Hulin M., *La Mystique sauvage. Aux antipodes de l'esprit*, Paris, PUF, 1993.
Janet P., *De l'angoisse à l'extase*, Paris, Félix Alcan, 1926-1928.
Kakar S., *Shamans, Mystics and Doctors. A Psychological Inquiry into India and its Healings Traditions*, Delhi, Oxford University Press, 1982 ; trad. fr. *Moksha*, Paris, Les Belles Lettres, 1985.
Kakar S., *The Inner World. A Psycho-Analytic Study of Childhood and Society in India*, Delhi, Oxford University Press, 1982.
Kane A., *L'Aventure ambiguë*, Paris, UGE, coll. « 10/18 », 1971.
Kelley-Lainé K., *Peter Pan ou l'enfant triste*, Paris, Calmann-Lévy, 1992.
Kerouac J., *Sur la route*, Paris, Gallimard, 1960.
Kipling R., *L'Homme qui voulut être roi*, Paris, Mercure de France, 1901.

Lacan J., « Désir de mort, rêve et réveil », *L'Âne*, 1981.
Laing R.-D., *Le Moi divisé*, Paris, Stock, 1979.
Laing R.-D., *Soi et les autres*, Paris, Gallimard, 1971.
Lapassade G., *L'Entrée dans la vie*, Paris, Minuit, 1963.
Le Poulichet S., « Le concept de narcissisme », *in* J.-D. Nasio, *Enseignement de 7 concepts cruciaux de la psychanalyse*, Paris, Payot, coll. « Petite Bibliothèque Payot », 1992.
Lewin L., *Phantastica*, Paris, Payot, 1927.
Maffesoli M., *Du nomadisme. Vagabondages initiatiques*, Paris, Le Livre de Poche, 1997.
Magherini G., *Le Syndrome de Stendhal. Du voyage dans les villes d'art*, Paris, Usher, 1990.
Manganelli G., *Itinéraire indien*, Paris, Le Promeneur, 1992.
Marcelli D., « Bouffées délirantes aiguës de l'adolescence : manifestations thymiques ou symptômes psychotiques ? », *Nervure*, X, 8, 1987.
Marion F., *Les Routards des Indes. Itinéraire au-delà des drogues*, Paris, Éditions du Cerf, 1980.
Michaux H., *Un barbare en Asie*, Paris, Gallimard, coll. « L'Imaginaire », 1967.
Montherlant H. de, *Service inutile*, Paris, Gallimard, coll. « Idées », 1975.
Moreau de Tours J., *Du haschich et de l'aliénation mentale*, 1845.
Mouren M.-C. et *al.*, « Le vagabondage : aspects

psychologiques et psychopathologiques », *Annales médico-psychologiques*, 2 (3), 1977.
Nivet P., *Les Névroses d'effroi*, Mémoire de psychiatrie, Paris, 1980.
Olievenstein C., *Écrits sur la toxicomanie*, Paris, Éditions universitaires, 1975.
Olievenstein C., *La Vie du toxicomane*, Paris, PUF, 1982.
Ota H., « Voyages et déplacements pathologiques des Japonais vers la France », *Nervure*, 6, 1988.
Pitrès A., Régis É., « Impulsion à la fugue (dromomanie) », in *Obsessions et impulsions*, Paris, Doin, 1900.
Quentin J., *Des nomadismes. Repères historiques et juridiques*, Paris, Éditions La Caserne, 1996.
Quirot B., « Faux mouvement. Voyage et psychopathologie », *Gradhiva*, 18, 1995.
Quirot B., *Aliénés migrateurs. Contribution à une étude psychopathologique du voyageur*, Thèse de médecine, Université Pierre-et-Marie-Curie / Broussais / Hôtel-Dieu, 1993.
Rank O., *Don Juan et le double*, Paris, Payot, coll. « Petite Bibliothèque Payot », 1973.
Ravignant P., *Les Fous de Dieu*, Paris, MA Éditeur, 1984.
Reboul H., Régis É., *L'Assistance des aliénés aux colonies. Rapport du XXII^e^ congrès des médecins aliénistes et neurologistes de France et des pays de langue française*, Paris, Masson, 1912.

Rolland R., *La Vie de Ramakrishna. Essai sur la mystique et l'action de l'Inde vivante*, Paris, Stock, 1930.

Ross R., *Préservation of Personnal Health in Warm Climat*, London, The Ross Institut of Tropical Hygiène, 1926.

Saada D., *La Fin des chemins de Katmandou. À propos de toxicomanes français observés dans le cadre de l'ambassade de France en Inde*, Mémoire pour le CES de psychiatrie, Université de Paris-Val-de-Marne / faculté de médecine de Créteil, 1986.

Scheid F., *Étude transculturelle à Macao*, Thèse de médecine, Paris, Université René-Descartes / faculté de médecine Necker-Enfants-malades, 1988.

Segalen V., *Essai sur l'exotisme. Une esthétique du divers*, Montpellier, Fata Morgana, 1978.

Segalen V., *Équipée. Voyage au pays du réel*, Paris, Gallimard, coll. « L'Imaginaire », 1981.

Segalen V., *Les Immémoriaux*, Paris, Plon, 1956.

Solal J.-F., Werebe S., « Toxicomanie sans toxique », *Bulletin de psychologie*, XXXVI, 359, 1981.

Starobinski J., « Histoire du traitement de la mélancolie, des origines à 1900 », *Acta Psychosomatica*, 3, 1960.

Stork H., *Enfances indiennes. Étude de psychologie transculturelle et comparée du jeune enfant*, Paris, Le Centurion, 1986.

Szweig S., *Amok*, Paris, Stock, 1998.

Tabucchi A., *Nocturne indien*, Paris, Christian Bourgois, 1987.

Thieuloy J., *L'Inde des grands chemins*, Paris, Gallimard, 1971.

Thomas L.-V., *L'Être et le Paraître. Essai sur la signification de l'initiation en Afrique noire*, Paris, Dunod, 1984.

Van Woerkens M., *Le Voyageur étranglé*, Paris, Albin Michel, 1995.

Verebely B., Liance A., « Rapatriements sanitaires aériens des malades psychiatriques », *EMC*, 1985.

Verebely B., Weil J.-P., « Psychiatrie assistance : la folie en voyage », *Information psychiatrique*, 58 (10), 1982.

Winnicott D. W., *Jeu et réalité. L'Espace potentiel*, Paris, Gallimard, 1975.

Winnicott D. W., *De la pédiatrie à la psychanalyse*, Paris, Payot, 1969.

Zittoun C. et *al.*, « Psychopathologie et voyage : les rapatriements sanitaires psychiatriques », *Société médico-psychologique*, 152 (10), 1994.

## REMERCIEMENTS

Entre le réel de l'expérience et le réel de l'écriture, puis celui de la publication, des années s'écoulent. Je voudrais remercier ceux et celles qui ont su m'accompagner tout au long de ce chemin, m'encourager dans l'élaboration de ce projet, puis dans le monde de l'édition :

Ma femme, Soizic, pour sa patience, son soutien et ses idées.

Mon fils, Ferdinand-Clovis, à qui j'ai pris du temps sur nos jeux communs.

Ma fille, Hortense, qui, depuis sa naissance, me voit travailler non seulement le jour, mais aussi la nuit, et qui doit se demander sur quelle étrange planète elle a atterri.

Awa qui, depuis, nous accompagne.

Mon équipe à l'hôpital, pour m'avoir supporté ces derniers mois.

Patricia Millot, qui a dactylographié, la nuit chez elle, la première version du manuscrit.

Jean Morawieski, consul général de France à

Bombay, pour m'avoir permis de travailler, en toute liberté, sur le terrain.

Bruno Jean et Rippan Kapur, qui se sont donnés à l'Inde.

Tony Lainé, qui m'a mis, avant sa mort, sur la voie de l'édition. Que ce livre soit un hommage posthume et une promesse tenue. Son ouverture d'esprit continue d'animer ma pratique.

Sophie et Benjamin qui, par leur jeunesse et leur enthousiasme, ont su ouvrir des portes.

Christophe Guias, qui m'a, pendant presque neuf mois, offert son énergie positive, ses conseils et son professionnalisme d'éditeur, jouant ainsi le rôle de passeur dans le réel de l'écriture.

Guy Benoit, Guy Deleury, Sylver Bouchet, Josette Rannou et Quentin, qui ont bien voulu relire le manuscrit.

Tous mes amis, collègues, patients et compagnons du voyage en Orient.

Enfin, « Mother India » et les Indiens, qui rendent gourmand de la vie et redonnent confiance en l'humanité.

# TABLE

**Petite Bibliothèque Payot**

**Guy Achard,** La communication à Rome / **211**
**Alfred Adler,** Connaissance de l'homme / **26**
**Alfred Adler,** Le sens de la vie / **47**
**Alfred Adler,** Le tempérament nerveux / **84**
**Alfred Adler,** L'enfant difficile / **122**
**Alfred Adler,** L'éducation des enfants / **390**
**Alfred Adler,** L'enfant caractériel à l'école / **442**
**Theodor W. Adorno,** Minima Moralia / **477**
**Theodor W. Adorno,** Dialectique négative / **478**
**Ernest Aeppli,** Les rêves et leur interprétation / **64**
**Giorgio Agamben,** Enfance et histoire / **387**
**Régis Airault,** Fous de l'Inde / **437**
**Franz Alexander,** La médecine psychosomatique / **426**
**Franz Alexander,** Principes de psychanalyse / **444**
**Alexandrian,** Histoire de la philosophie occulte / **205**
**Alexandrian,** Histoire de la littérature érotique / **230**
**René Alleau,** De la nature des symboles / **319**
**Anne Ancelin-Schützenberger,** Le psychodrame / **394**
**Jacques André,** Être médecin à Rome / **256**
**Gérard Apfeldorfer,** Je mange, donc je suis / **140**
**Hannah Arendt,** Politique et pensée / **289**
**Jean-Paul Aron,** Le mangeur du XIXe siècle / **8**
**Paul-Laurent Assoun,** Freud et la femme / **219**
**Piera Aulagnier,** Un interprète en quête de sens / **43**
**Pierre Avril,** Essais sur les partis politiques / **41**
**David Bakan,** Freud et la tradition mystique juive / **395**
**Michael Balint,** Le défaut fondamental / **44**
**Michael Balint,** Les voies de la régression / **383**
**Ilse Barande,** Ferenczi / **270**
**Jean-Pierre Barou,** L'œil pense / **283**
**Charles Baudouin,** L'œuvre de Jung / **133**
**Susan Baur,** Les relations sexuelles entre psys et patients / **496**
**Jean Bayet,** La religion romaine / **360**
**Walter Benjamin,** Charles Baudelaire / **39**
**Pierre Benoit,** Le langage de la maladie / **318**
**Edmund Bergler,** La névrose de base / **382**

**Mirko D. Grmek,** Histoire du sida / **236**
**Béla Grunberger,** Le narcissisme / **160**
**Jean Guiloineau,** Nelson Mandela / **190**
**Christian Guyonvarc'h / Françoise Le Roux,**
La civilisation celtique / **254**
**Esther Harding,** Les mystères de la femme / **407**
**Michael J. Harner,** Les Jivaros / **264**
**Gisèle Harrus-Révidi,** Psychanalyse de la gourmandise/ **314**
**Jean Hatzfeld,** Histoire de la Grèce ancienne / **226**
**Karen Horney,** La psychologie de la femme / **418**
**Heinrich H. Houben,** Christophe Colomb / **93**
**Johan Huizinga,** L'automne du Moyen Âge / **6**
**Gérard Israël,** La question chrétienne / **447**
**Nancy Huston,** Dire et interdire / **422**
**William James,** Aux étudiants, aux enseignants / **373**
**William James,** Expériences d'un psychiste / **374**
**Karl Jaspers,** Initiation à la méthode philosophique / **174**
**Elisabeth Jeronymides,** Elles aussi deviendront mères / **487**
**Alain Joxe,** L'Amérique mercenaire / **232**
**Odette Joyeux,** Le troisième œil. La vie de Nicéphore Niepce / **165**
**Carl Gustav Jung / Charles Kerényi,**
Introduction à l'essence de la mythologie / **168**
**Ernst Jünger,** Le boqueteau 125 / **240**
**Helen A. Keller,** Sourde, muette, aveugle / **59**
**Paul Kennedy,** Naissance et déclin des grandes puissances / **63**
**John Maynard Keynes,** Essais sur la monnaie et l'économie / **24**
**Francis King,** Ésotérisme et sexualité / **501**
**A. Kirkpatrick,** Les conquistadors espagnols / **92**
**Melanie Klein,** Deuil et dépression / **486**
**Melanie Klein / Joan Riviere,** L'amour et la haine / **18**
**Siegfried Kracauer,** Le roman policier / **410**
**Blandine Kriegel,** L'État et les esclaves / **4**
**Étienne de La Boétie,** Le discours de la servitude volontaire / **134**
**Élisabeth Labrousse,** La révocation de l'Édit de Nantes / **34**
**Pierre Lafforgue,** Petit Poucet deviendra grand / **443**
**Étienne Lamazou,** L'ours et les brebis / **250**
**François Laplantine,** L'anthropologie / **227**
**Jean-Philippe Lauer,** Saqqarah / **107**
**T. E. Lawrence,** Les sept piliers de la sagesse / **99**
**Michel Le Bris,** L'homme aux semelles de vent / **95**

**Michel Le Bris,**
Une amitié littéraire : Henry James-Robert L. Stevenson / **177**
**Michel H. Ledoux,** Introduction à l'œuvre de Françoise Dolto / **262**
**David Lelait,** Romy au fil de la vie / **479**
**Jean-G. Lemaire,** La relaxation / **45**
**Jean-G. Lemaire,** Les mots du couple / **398**
**Sous la direction de Bernard Lewis,** L'islam / **207**
**Jean-Pierre Letort-Trégaro,** Pierre Abélard / **311**
**Anna Lietti,** Pour une éducation bilingue / **179**
**Lin Yutang,** La Chine et les Chinois / **316**
**Le Livre interdit,**
Textes choisis et présentés par Jean-Christophe Abramovici / **298**
**Konrad Lorenz,** Évolution et modification du comportement / **33**
**Robert Löwie,** Histoire de l'ethnologie classique / **49**
**Georges Lukacs,** Le roman historique / **388**
**Margaret Mahler,** Psychose infantile / **30**
**Maine de Biran : la vie intérieure,**
Textes choisis et présentés par Bruce Bégout / **237**
**Bronislaw Malinowski,**
La sexualité et sa répression dans les sociétés primitives / **28**
**Bronislaw Malinowski,** La vie sexuelle des sauvages / **378**
**Bronislaw Malinowski,**
Trois essais sur la vie sociale des primitifs / **413**
**Thomas Mann,** Goethe et Tolstoï / **366**
**Jean Markale,** La femme celte / **108**
**Karl Marx, Misère de la philosophie,**
Textes choisis et présentés par Jean Kessler / **294**
**Henri Massé,** Anthologie persane / **330**
**Les Matérialistes au XVIIIe siècle,**
Textes choisis et présentés par Jean-Claude Bourdin / **280**
**Predrag Matvejevitch,** Bréviaire méditerranéen / **251**
**Annelise Maugue,**
L'identité masculine en crise au tournant du siècle / **409**
**Marcel Mauss,** Manuel d'ethnographie / **13**
**Gérard Mendel,** Pour décoloniser l'enfant / **5**
**Jack Messy,** La personne âgée n'existe pas / **180**
**Jacques Meunier,** Le monocle de Joseph Conrad / **150**
**A. de Mijolla / S. A. Shentoub,**
Pour une psychanalyse de l'alcoolisme / **40**

**Petite Bibliothèque Payot / Voyageurs**

**Edward Abbey,** Désert solitaire / **228**
**John James Audubon,** Journal du Missouri / **142**
**Gérard Badou,** L'énigme de la Vénus Hottentote / **446**
**Nicolas Baïkov,** Dans les collines de Mandchourie / **380**
**Nicolas Baïkov,** Des tigres et des hommes / **435**
**Nigel Barley,** Un anthropologue en déroute / **176**
**Nigel Barley,** Le retour de l'anthropologue / **267**
**Nigel Barley,** L'anthropologie n'est pas un sport dangereux / **365**
**Nigel Barley,** L'anthropologue mène l'enquête / **438**
**Nigel Barley,** Le dernier voyage du révérend / **507**
**Jean-Michel Barrault,** *Le Sacre* et *La Pensée* / **282**
**Sybille Bedford,** Visite à Don Otavio / **102**
**Nicole-Lise Bernheim,** Chambres d'ailleurs / **363**
**Nicole-Lise Bernheim,** Saisons japonaises / **424**
**Isabella L. Bird,** Une Anglaise au Far West / **485**
**Alain Blottière,** L'oasis / **210**
**Jean-Claude Bourlès,** Retours à Conques / **242**
**Jean-Claude Bourlès,** Le grand chemin de Compostelle / **341**
**Jean-Claude Bourlès,** Une Bretagne intérieure / **404**
**Jean-Claude Bourlès,** Passants de Compostelle / **406**
**Nicolas Bouvier,** Chronique japonaise / **53**
**Nicolas Bouvier,** L'usage du monde / **100**
**Nicolas Bouvier,** Journal d'Aran et d'autres lieux / **155**
**Rupert Brooke,** Lettres d'Amérique / **433**
**Bill Bryson,** Motel Blues / **260**
**Bill Bryson,** American Rigolos / **467**
**Frank Bullen,** La croisière du Cachalot / **147**
**Robert Byron,** Route d'Oxiane / **137**
**Pino Cacucci,** Poussières mexicaines / **307**
**René Cagnat,** La rumeur des steppes / **408**
**Bernadette Chovelon,** George Sand et Venise / **488**
**B. Chovelon / C. Abbadie,** La Chartreuse de Valldemosa / **412**
**Jean Clair,** Le voyageur égoïste / **364**
**Jean Clausel,** Indes / **372**
**Jean-Luc Coatalem,** Mission au Paraguay / **346**
**Anita Conti,** Géants des mers chaudes / **322**
**Anita Conti,** Racleurs d'océans / **339**

*Impression réalisée sur CAMERON par*

BUSSIÈRE CAMEDAN IMPRIMERIES

GROUPE CPI

*à Saint-Amand-Montrond (Cher)*
*pour le compte des Éditions Payot & Rivages*
*en avril 2004*

N° d'impression : 041952/1.
Dépôt légal : avril 2002.
*Imprimé en France*